京王電鉄 寸景

～私の秘蔵アルバムから

井の頭線沿線ではアジサイやツツジなどの植栽を手がけているところも多く、開花の時期は季節感のある車窓が楽しみだ。（2001年／井の頭線／高井戸～富士見ヶ丘間）

四季の移ろい

**一見、季節感がなさそうな東京都心や西郊。
京王線は、その表情を紡ぎ出す。**

京王電鉄の沿線では富士山を望めるポイントもいくつかある。多摩川をわたる京王線の鉄橋も見どころのひとつだ。冷え込みの厳しい冬の朝、澄んだ空気に雪化粧の富士山が姿を見せた。
(2002年／京王線／中河原～聖蹟桜ヶ丘間)

井の頭線沿線ではサクラも楽しみだ。井の頭公園や
高井戸界隈では線路わきに並木をつくり、春の訪れを実感させてくれる。
(2002年／井の頭線／井の頭公園～三鷹台間)

調布市の多摩川河川敷で行なわれる花火大会は、京王電鉄の前身となる京王電気軌道時代から行なわれ、タイアップのキャンペーンを行なったこともある。例年夏場の開催だが、2001年は台風で順延、10月末の開催となった。空気が澄み、花火がひときわ美しかった。

(2001年／相模原線／京王多摩川〜京王稲田堤間)

高尾山口駅が近付くと高尾線の風景は一変、山岳路線のような様相を見せてくれる。車窓眼下には南浅川の流れも見える。
(2002年／高尾線／高尾〜高尾山口間)

めじろ台付近の切通しではススキが美しかった。本来なら除草対象の雑草だが、今年も黄金色の輝きを見せてくれるだろうか。
(2001年／高尾線／狭間〜めじろ台間)

今はなき名車たち

東京とその郊外を幾十にも走った歴代の車両を、今、こうして思い出す。

京王線にアイボリーの新風を注いでくれた5000系。塗色と共に貫通扉とパノラミックウインドウの顔つきも新鮮だった。(1967年／京王線／明大前駅)

5000系は特急をメインに運用を開始したが、当初は車両数が揃わず湘南顔の2010系などをアイボリーに変更して運用することもあった。「ニセ新車」と不名誉な名前で呼ばれたこともある。(1967年／京王線／明大前駅)

レインボーカラーの3000系から緑の1000系など井の頭線では湘南顔の電車が活躍していた。井の頭線の車庫が永福町から富士見ヶ丘に移って間もなく、学校の社会科見学で構内を見せてもらった。(1968年／井の頭線／富士見ヶ丘検車区)

機能的過ぎてなかなか好きになれなかった6000系だが、その仲間を調べていくと実に奥深いものがあった。アイボリーの細いラインも時代を映したデザインだった。(2002年／高尾線／山田〜めじろ台間)

鉄道名所

鉄道好きが、ちょっと目が留まる所。ここに、京王の個性を垣間見る。

笹塚駅から乗った新宿行き電車。気が付くと4本の電車が並んでいた。調べてみるとこの時代は1時間に3回、こんなチャンスがあるらしい。笹塚駅のホームに立ち、その姿を狙ったが、なかなか4本揃わない。3日間も通い、思い通りの位置に揃ったのは1回だけだった。(2002年／京王線・京王新線／幡ヶ谷～笹塚間)

単線馬蹄形のトンネルが2本並ぶ渋谷トンネル。トンネル上の土被りが薄く、最低3m足らず。その地形を維持するために単線2本としたそうだ。(2002年／井の頭線／渋谷～神泉間)

西武多摩川線を跨ぐ京王線。鉄道の立体交差は後につくる方が避けるはずだが、ここはタッチの差で京王の開通が早かったはず。その不思議議が今も判らない。(2002年／京王線／武蔵野台～多磨霊園間)

駅の情景

長距離列車は走らないが、駅には住民の生活や物語が染み込んでいる。

京王線の新宿駅は1963年に地下化された。以来、何度かリニューアルされているが、写真は四半世紀ほど前の姿。手前はＪＲの改札口、奥に京王との乗り換え改札口が見える。（2001年／京王線／新宿駅）

商店街と交差する下高井戸駅。高架化により写真の下高井戸1号踏切も過去の情景になっていくだろう。（2002年／京王線／下高井戸～桜上水間）

高幡不動駅で行なわれていた京王線と高尾線の特急分割併合。2006年9月1日のダイヤ改正まで実施されていた。（2002年／京王線／高幡不動駅）

懐かしの駅前

もう見なくなった駅の風景だが、
秘蔵アルバムは当時に帰らせてくれる。

地上駅時代の東府中駅。2011年4月に橋上駅化され、このあたりは駅と一体化した商業施設「京王リトナード東府中」となっている。(2002年／京王線／東府中駅)

地上時代の調布駅。右は京王線の下り方面、左は相模原線。京王線調布駅付近連続立体交差事業で2012年8月に地下線化されている。
(2002年／京王線／調布駅)

地上時代の布田駅。地上といっても改札口は地下にあった。このあたりは京王線調布駅付近連続立体交差事業で2012年8月に地下線化されている。
(2002年／京王線／布田駅)

ちょっとレアな・・・

ほとんど知る人はいないであろう、車両の横顔。これも、京王の歩みだ。

京王電鉄平山研修センター内の「京王資料館」に保存されていた京王帝都電鉄時代のデハ2410号とデハ2015号。現在は共に多摩動物公園駅隣接の「京王れーるランド」にて展示中。（1998年／京王資料館）

井の頭線の貨車。富士見ヶ丘検車区の隅に保線工事用として無蓋貨車（トム151、トム152）、車掌室付きの凸型無蓋貨車（クトフ161）が留置されていたが、いつの間にか解体されてしまった。（1971年／井の頭線／富士見ヶ丘検車区）

井の頭線の荷物電車（デニ101）。マルーンに白帯というでたちで、異彩を放っていた。井の頭線では1984年まで荷物扱いをしていたが、晩年は荷物電車が運転されることはほとんどなかった。（1971年／井の頭線／富士見ヶ丘検車区／２枚とも）

謎とフシギの
京王電鉄

関東屈指の“個性派鉄道”を読む

松本典久
Matsumoto Norihisa

交通新聞社新書 184

まえがき

京王電鉄は、ちょっと不思議な鉄道会社だ。

新宿および渋谷を起点として東京都西部や神奈川県北部に84・7キロの路線網を広げており、沿線には多摩ニュータウンをはじめとする住宅地が続き、そして大学などの教育機関も点在している。こうした通勤通学を支える足として活用される一方、明治の森高尾国定公園の中核をなす高尾山などへの行楽輸送も担い、1日約160万人（2023年度）もの人々を輸送している。…と、一般的にはこの説明で足りるだろう。

しかし、ちょっと深く見ると、たくさんの疑問が浮かんでくる。代表的なものは線路の幅。そもそも京王線と井の頭線で違うし、さらに京王線の軌間は路面電車と同じ1372ミリで、日本の都市間高速鉄道では京王だけである。

こうした風景は、京王が経てきた複雑な経緯による。詳しくは本文に譲るが、京王電鉄の歴史をたどると、1913（大正2）年に笹塚〜調布間で運行を開始した京王電気軌道に行き当たる。現在のような近代的な姿からは想像もつかないが、開業時はなんと路面電車だったのだ。こうした経緯を知ると、京王線の軌間の理由がなんとなく分かると同時に、なぜ路面電車だったの？　という新たな謎も浮かんでくる。さらに、相模原線の前身は多摩川の砂利取り線だ、といわれると、もう何が何だかわからなくなるかもしれない。

一言でいうと、これが京王電鉄の面白さのひとつ。複雑な歴史を歩んだ京王電鉄が、常にパイオニア精神を持ちながら前向きに対応してきた結果でもある。こうした姿勢は京王電鉄愛好者に留まらず、多くの鉄道愛好者たちに話題を提供し、今日に続く愛される存在として熟成されてきた。かくいう私も長年、京王沿線に住み、その変化を見続けてきた身として、人一倍の愛着がある。１９９７（平成９）年に大手私鉄の中で戦後初の運賃値下げをしたことなど、意外と知られていないが、沿線住民としては誇りに思う施策も数ある。その根底には、「安全は最大の使命であり、最高のサービスある」という基本方針のもと「日本一安全でサービスの良い鉄道」をめざして日々進化を重ねている結果だと思う。

本書では、そうしたちょっと複雑な京王電鉄の、今日に至る歴史や車両、そして運行や施設の改良などの紹介を試みた。さらにその歴史を垣間見ることができる私なりの沿線のポイントもいくつか添えた。

さまざまな角度から京王電鉄の魅力をくみ取っていただきたい。

謎とフシギの京王電鉄 ――― もくじ

第2章　貴賓車から京王ライナーまで〜車両は多彩……111

第5章　私の沿線散歩～京王にハマる、とっておきスポットへ……211

第1章

甲州街道を走る路面電車で創業
〜複雑な歴史

おもな会社系統図

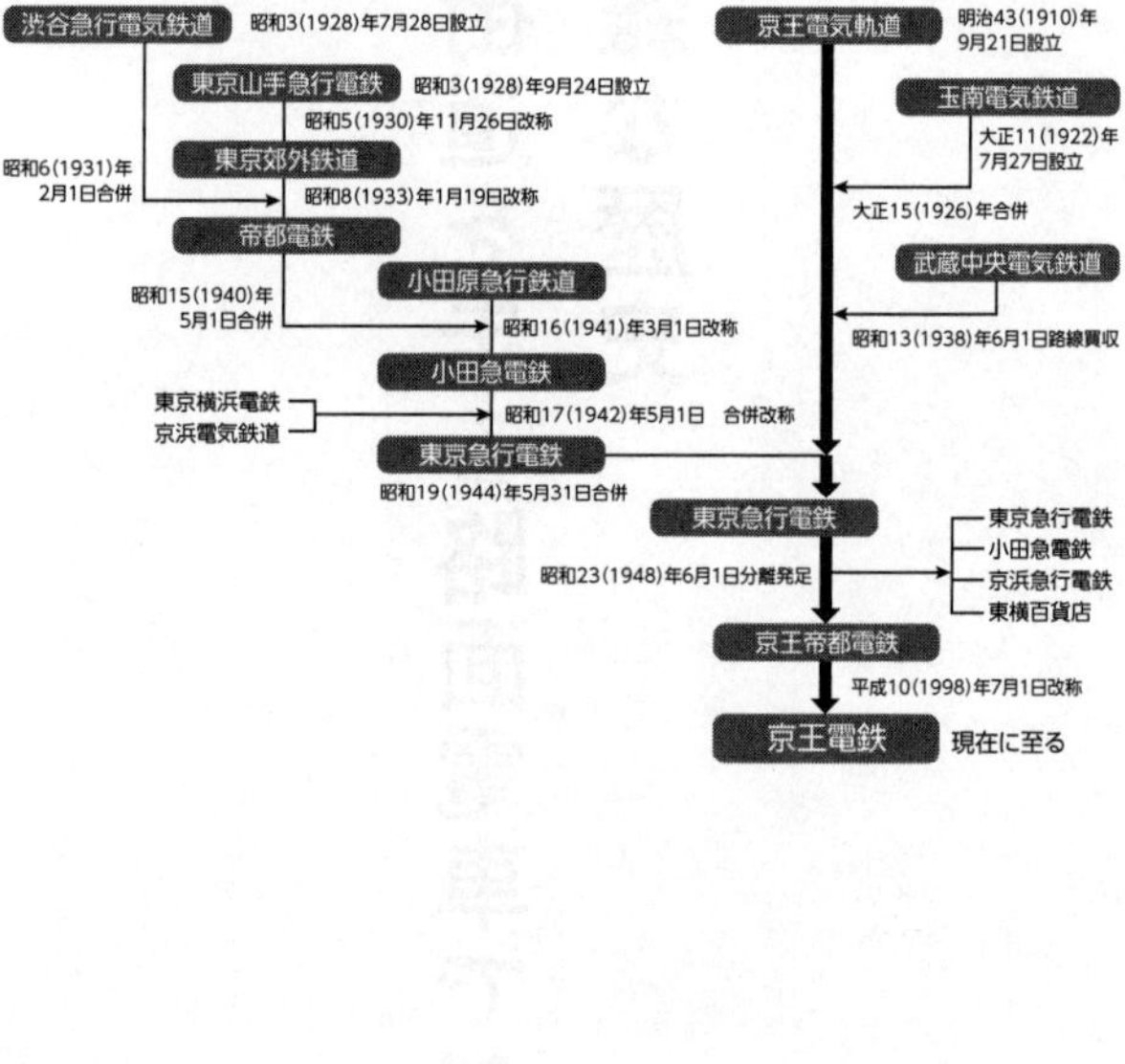
渋谷急行電気鉄道
昭和3(1928)年7月28日設立
東京山手急行電鉄
昭和3(1928)年9月24日設立
昭和5(1930)年11月26日改称
東京郊外鉄道
昭和6(1931)年2月1日合併
昭和8(1933)年1月19日改称
帝都電鉄
小田原急行鉄道
昭和15(1940)年5月1日合併
昭和16(1941)年3月1日改称
小田急電鉄
東京横浜電鉄
京浜電気鉄道
昭和17(1942)年5月1日　合併改称
東京急行電鉄
昭和19(1944)年5月31日合併
京王電気軌道
明治43(1910)年9月21日設立
玉南電気鉄道
大正11(1922)年7月27日設立
大正15(1926)年合併
武蔵中央電気鉄道
昭和13(1938)年6月1日路線買収
東京急行電鉄
昭和23(1948)年6月1日分離発足
東京急行電鉄
小田急電鉄
京浜急行電鉄
東横百貨店
京王帝都電鉄
平成10(1998)年7月1日改称
京王電鉄
現在に至る

「日本電気鉄道」という壮大な名称で始まった

現在の京王電鉄となる鉄道は、明治後期に「日本電気鉄道株式会社」という壮大な社名を掲げて産声を上げた。

日本電気鉄道は、〝玉電〟こと玉川電気軌道の前身となる玉川砂利電気鉄道の設立などにも関わっている明治の鉄道実業家・渡辺熊之進ほか17名を発起人とし、１９０５（明治38）年12月12日付で官設鉄道蒲田停車場（現・ＪＲ京浜東北線蒲田駅）を起点とする東京西部に連絡する鉄道として出願している。

当時、蒲田停車場は東京府荏原郡蒲田村に位置し、日本電気鉄道は同郡池上村、調布村、玉川村および北多摩郡砧村、千歳村、狛江村、調布町、多磨村、府中町、西府町、谷保村、立川村を経て甲武鉄道立川停車場に至る延長約34キロ、さらに府中町で分岐し、神代村、豊多摩郡高井戸村、代々幡村、淀橋村、内藤新宿町３丁目に至り東京市街鉄道（のち東京市電／東京都電）に連絡する延長約14キロと２つの路線を計画としていた。

日本電気鉄道の創立前、東京西部ではＪＲ山手線の前身となる日本鉄道品川線（品川～赤羽間）が１８８５（明治18）年３月にこのエリア初の鉄道として開業していた。この時に設置された新宿駅を起点として、１８８９（明治22）年４月には甲武鉄道がＪＲ中央本線の前身となる新宿〜立川間を開業した。さらに同年8月には八王子まで延伸している。新宿は甲州街道と青梅街道の分岐点に内藤新宿と呼ばれる宿場町として誕生、その後、宿場廃止や再開などの紆余曲折はあったが、江戸四宿の中では品川宿に続くにぎわいを見せた。そして甲武鉄道開業から約半月後には町村制施行によって内藤新宿町が生まれ、東京西部の中心としてさらに発展していくのだ。

この甲武鉄道の路線を基軸として、同社の関連会社として設立した川越鉄道は国分寺駅を起点として川越をめざし、1894（明治27）年12月に国分寺〜久米川（現・東村山）間で開業している。これは現在の西武国分寺線となっている。また、同年11月には青梅鉄道が立川〜青梅間も開業した。こうして東京西部では甲武鉄道を中心とした鉄道網が建設されていった。

甲武鉄道は、当初甲州街道の宿場町を結ぶ形で計画されていたが、新宿〜立川間では効率的なルートをめざすという方針転換などもあり、現行の東西一直線という線形となった。その後、川越鉄道や青梅鉄道によってJR中央本線の北側あるいは西側に延びる鉄道が建設されていったが、甲州街道の通る南側は鉄道空白地帯となっていた。日本電気鉄道は、ここを狙って計画されたのである。

ちなみに甲武鉄道は日本初の鉄道電車運転（１９０４／明治37年開始）でも知られているが、最初は蒸気機関車が客車や貨車を牽く運行体制だった。いっぽう、日本電気鉄道は、その社名にもあるように端から電気運転を計画しており、時代の先端を行く鉄道をめざしていたのだ。

日本の電車運転は１８９５（明治28）年に京都電気鉄道で始まった。これは路面電車としての運行で、この方式によって各地で電車運転が始まっている。１９０３（明治36）年には東京でも路面電車の運転が始まった。当初は東京電車鉄道、東京市街鉄道、東京電気鉄道と3社が独自の路線で運営していたが、１９０６（明治39）年には合併して東京鉄道となり、さらに１９１１（明治44）年には公営化されて東京市電（のち東京都電）となった。日本電気鉄道ではそんな情勢も計画に織り込み、内藤新宿町3丁目で東京市街鉄道との連絡も試みたのである。

日本電気鉄道が出願する3か月前、１９０４（明治37）年から続いていた日露戦争が終結した。戦争は経済的な疲弊なども引き起こしていたが、その影響のひとつは鉄道の国有化をめざす動きにもなった。日本の鉄道は新橋～横浜間など官設鉄道（国鉄）としてつくられたものもあったが、明治政府の方針もあって私設鉄道（私鉄）の参入を認めていた。

私鉄には東京〜青森間を結ぶ日本鉄道、神戸〜馬関（現・下関）間を結ぶ山陽鉄道のように大規模なものもあったが、こうした大規模私鉄を国有化することになったのだ。

日本電気鉄道の出願からほどなく成立した西園寺内閣では鉄道の国有化が論議され、1906（明治39）年3月には『鉄道国有法』が成立した。同法は速やかに公布・施行へと進み、翌年10月までに日本鉄道、甲武鉄道をはじめ17私鉄が国有化され、これらの路線はJRに続く国営の幹線鉄道となっていった。

こうして日本の鉄道の運営変革や技術革新から見て、大きな転換期に京王は産声を上げたのである。

社名を「武蔵電気軌道」「京王電気軌道」と再三変更

日本電気鉄道は東京西部、いわゆる武蔵野と呼ばれるエリアでの運営をめざしたこともあり、1906（明治39）年8月18日には社名を「武蔵電気軌道株式会社」と変更、加えて計画路線も変更している。

社名の変更について明快な記録には行き当たらなかったが、実はこの頃、同じく「日本電気鉄道」という名前を冠した鉄道の計画が立ち上がっていたのだ。

この日本電気鉄道は、東京の渋谷と大阪の野田を標準軌（1435ミリ）の電車で結ぶ、現在の新幹線をほうふつさせる壮大なものだった。こちらは当時安田財閥の総帥だった安田善次郎が発起人となり、〝明治の鉄道王〟とも呼ばれる雨宮敬次郎らが関わっていた。この日本電気鉄道は出願されるものの、1926（大正15）年3月には却下されて、幻に終わってしまう。京王のルーツとなる日本電気鉄道→武蔵電気軌道の社名変更に近いタイミングの話で、そこには新旧の日本電気鉄道の間で社名をめぐったやり取りがあったのかも知れない。

この時、修正申告された武蔵電気軌道の新たな路線計画は、

1　東京府豊多摩郡内藤新宿3丁目55番地に起こり、淀橋町、代々幡村、和田堀ノ内村、高井戸村、荏原郡松沢村、豊多摩郡高井戸村、北多摩郡千歳村、神代村、調布町、多磨村、府中町、西府村、谷保村、立川村、南多摩郡日野町、小宮町を経て八王子町大字千人小字追分26番地に至る、延長約38キロ（道路）

2　東京府北多摩郡府中町字新宿北9175番地イ号地先に起こり、国分寺村大字国分寺殿ヶ谷戸（国分寺停車場）に至る、延長約3キロ（道路）

3　東京府北多摩郡立川村大字下立川1469番地に起こり、同村字中古新田3106番

地に至る、延長約2キロ（道路）

4　東京府北多摩郡調布町大字国領389番地先に起こり、狛江村、砧村、千歳村、荏原郡玉川村、調布村、池上村、矢口村を経て蒲田村大字女塚字川田耕地420番地に至る、延長約18キロ（専用）

となっていた。

日本電気鉄道時代、蒲田～調布～府中～立川間および新宿～府中間としていたものを、武蔵電気軌道では基幹を新宿起点の路線に改め、さらに立川～八王子間を加えて新宿～調布～府中～立川～八王子間とした。ここに府中～国分寺停車場間、立川～立川停車場間、調布～蒲田間の支線を加える形としたのである。

この武蔵電気軌道の計画は、第4項を除いて1907（明治40）年6月25日に「特許」された。当初の日本電気鉄道時代に目論んだ蒲田～調布間は外されたが、新宿～八王子間の本線と国分寺停車場や立川停車場への連絡支線について事業認可が下りたのである。

ちなみに「特許」とは『軌道条例』あるいは『軌道法』による事業認可のことだ。「鉄道」と「軌道」、一般にはどちらも鉄道の仲間ととらえられているが、法律的に別物なのである。「鉄道」は『鉄道事業法』で管理されており、こちらの事業認可は現在「許可」とされるが、２０００（平成12）年2月までは「免許」と呼んでいた。ともあれ準拠する法律によって事業認可を示す用語が変わるのだ。

また、「鉄道」と「軌道」の区別は、基本的な考え方として「専用の敷地に線路を敷設するものが鉄道」、「道路に線路を敷設するものが軌道」となる。簡単にいえば路面電車は軌道というわけだ。ただし、例外も多く、見た目だけで判断できるものではない。

武蔵電気軌道の事業認可は「特許」となっており、これは「軌道」の範疇に捉えられている。ただし、武蔵電気軌道の時代、まだ『軌道法』はなく、当時は１８９０（明治23）年に施行された『軌道条例』に拠っていた。この『軌道条例』は１９２４（大正13）年に『軌道法』と改められ、調整を加えながら現在も適応されている法律だ。

武蔵電気軌道は特許も得たことで、いよいよ具体的な動きが始まるが、ここでもまた社名に関わる問題が起こった。

実は現在の東急東横線のルーツとなる東京横浜電鉄が「武蔵電気鉄道」の名称で１９０６（明治39）年11月に出願、１９０８（明治41）年5月に「免許」を取得したのだ。「軌道」と「鉄道」の違いがあるものの、「武蔵電気」の４文字は同じで、紛らわしいことになったのである。

そこで武蔵電気軌道は、1910（明治43）年4月12日に社名を「京王電気軌道株式会社」と再度変更したのである。「京王」とは東京の「京」と八王子の「王」をとったもので、本線の運行区間を示すPRにもなった。

京王電気軌道の創立

新たな名称として「京王電気軌道」が定められたころ、夜空に巨大な〝ほうき星〟（ハレー彗星）が現れた。ハレー彗星は1910（明治43）年4月から5月にかけて近日点を通過、異様な夜空が続いた。日本では末世到来と騒がれ、当初は資金集めどころではなかったそうだ。ただし、第二次桂内閣の財政立て直し政策もあり、徐々に景気が向上、京王電気軌道創立に向けた資金が集まった。

京王電気軌道では、のちに東京市電／東京都電となる東京鉄道の初代社長を務めた牟田《むた》口元学《ぐちげんがく》を創立委員長として招き、1910（明治43）年9月13日に会社創立総会を開いた。ここで資本金150万円とした「京王電気軌道株式会社」が正式に創立したのである（設立日は9月21日）。なお、牟田口は役員には入らず、初代の取締役会長は鬼怒川水力電気取締役の川田《かわだ》鷹《たか》、初代専務取締役には利光丈平《としみつじょうへい》が就任した。利光丈平は鬼怒川水力電気の取締役社長でのちに小田急電鉄や帝都電鉄の創業にも関わる利光鶴松《としみつつるまつ》の親族であった。

明治末期、現在の東京23区に概ね相当する東京市の人口はようやく200万人を突破したところ。甲州街道沿いは、内藤新宿、下高井戸、調布、府中、八王子など宿場町から発展した町以外は田畑が広がる田園地帯だった。ちなみに内藤新宿は東京市に含まれず、隣接する豊多摩郡に含まれていた。内藤新宿町が四谷区に編入されて東京市に組み込まれるのは1920（大正9）年のことだ。また、八王子町は1917（大正6）年に多摩地区で初めて市制を施行しているが、その時でも4万人少々という規模にすぎなかった。そして甲州街道界隈の交通機関は馬車や人力車のほか、多摩川などの水運に頼るだけだった。

総会ではこのような実態を訴えつつ、鉄道開通の折には沿線が「たちまち東京府下における重要な副市街」（『京王帝都電鉄三十年史』による）になると断言している。

また、副次的事業として多摩川の砂利採掘と販売も挙げている。実は日本電気鉄道に関わりのあった鉄道実業家・渡辺熊之進が並行して進めていた玉川砂利電気鉄道は1907（明治40）年に玉川電気鉄道として渋谷〜玉川間で開業、同社では旅客輸送と共に多摩川で採掘する砂利輸送を行ない、拡大する東京都心部の建設用資材として大きな成果を上げていたのだ。京王ではこれを追従する狙いもあったのだ。

このほか、多摩川は「天与の遊園地」であり「花園・運動場その他の設備を施し、東京市の新公園たらしめん」という計画も披露した。これがのちの京王閣遊園地となる。

さらに沿線への電灯供給も挙げた。当時、沿線は電力供給を受けておらず、ランプによる生活となっていた。当時の鉄道は電力と一体になって事業を行なうケースが多かったのだ。ちなみに1910（明治43）年10月3日の『官報』第8186号には京王電気軌道の登記が告知されているが、その目的は、鉄道運輸、電力供給、砂利の採掘販売、不動産の所有や売買賃貸の順に記されており、電力供給は企業の骨格となる事業だったのである。

総会の最後には「本会社の鉄道敷設は、東京市および三多摩郡一円を始め、多摩南岸における神奈川県の一部に多大な実益と趣味を与え、新生面を開くにいたる」と述べられている。京王電気軌道の設立には、まさに現在の京王電鉄の姿をめざす理念がこめられていたのだ。

なお、本社は東京府豊多摩郡代々幡村大字代々木字山谷291番地（現在の西参道と渋谷区立山谷小学校のほぼ中間地点）に置かれた。当時、明治神宮は創建前で南豊島御料地となっていたが、西参道に当たる道路は整備が進められていた。ただし、この道路を挟んで東の新宿側は市街化が進んでいたが、西側は田園風景が広がる状況だった。

京王電気軌道のめざした鉄道

京王電気軌道は、先述のように『軌道条例』に基づく「軌道」として認可されたものだった。京王電気軌道前身の武蔵電気軌道として建設が認可された時代、民間の鉄道は１９００（明治33）年に施行された『私設鉄道法』、または１８９０（明治23）年に施行された『軌道条例』のいずれかに準拠した形で出願しなければならなかった。

ただし『私設鉄道法』は、前述の日本鉄道や山陽鉄道など大規模な鉄道を想定してつくられたもので、その条項は極めて細かく、そして厳しく規定されていた。さらに国有鉄道との連絡や将来的な国有化も見越し、軌間についても官設鉄道の１０６７ミリに準じなければならなかった。京王電気軌道のような計画には向かない法律だったのである。

いっぽうの『軌道条例』は道路上に敷設される馬車鉄道を想定してつくられたもので、最初の公布時は条項わずか３条という簡素なものだった。公布当時は鉄道の黎明期。法律をつくる側にも鉄道に対する想像力が低く、こんな法律となったのだ。準拠に向けたハードルは極めて低く、この時代に計画された多くの鉄道は『軌道条例』に基づいて出願されたのだ。

ただし、１８９５（明治28）年に京都電気鉄道での電車運転が始まるとさすがに３条では対応できず、時速8マイル（時速12・9キロ）といった速度制限などを加え、徐々に実情に合わせた法律に調整されている。

さらに1905（明治38）年には阪神電気鉄道が大阪（出入橋）～神戸（神戸雲井通）間で開業した。これも『軌道条例』に基づいたものだが、同社は街中をゆっくり走る路面電車ではなく、都市間を結ぶ高速鉄道を想定していた。

この時代、アメリカではインターアーバン（都市間電気鉄道）が発展していた。これは電車運転を基本としたもので、市街地では併用軌道、郊外では専用軌道を走行する。車両も大型のボギー車を使い、連結運転によって輸送力の調整も可能だ。さらに機関車より軽量な電車を使うため、軌道設備も相応に軽微なもので良かった。こうした長所が評価されて1890年代から建設が進み、1915（大正4）年には、アメリカ国内だけで1万マイル（約1万6000キロ）を超えるインターアーバン鉄道が運行されるようになっていた。阪神電気鉄道は、このインターアーバンをめざしたのである。

『軌道条例』では「原則として道路に敷設した併用軌道」としていたが、これを当時管轄だった内務省では「一部が併用軌道であればよい」と拡大解釈し、専用軌道の拡大利用も認めたのだ。

京王電気軌道も、この阪神電気鉄道を前例とする形で、インターアーバン的な鉄道をめざして建設を進めていった。これは用地買収の都合にも関わってくるが、新宿起点〜幡ヶ谷間の一部、金子（現・つつじヶ丘）付近などを併用軌道としたが、ほかは専用軌道で建設されている。

なお、建設時の『軌道条例』では速度制限が一律時速8マイルとなっていたが、これでは輸送力にも響いてくる。そこで京王電気軌道は１９１２（大正元）年に『特許命令書中一部変更願』を出した。「交通機関トシテハ多大ノ速度ヲ要求スル時勢ノ大勢ニ応シ候為メ」に、公道（併用軌道）での時速8マイルは順守するが、専用軌道では時速25マイル（時速40・2キロ）を限度として認めて欲しいというものだった。これは認可され、合わせて『軌道条例』も改正されている。

なお、『私設鉄道法』『軌道条例』による鉄道・軌道の管理はこのように無理が生じてきたため、１９１０（明治43）年には新たに『軽便鉄道法』が定められ、同年8月に施行された。準拠が大変だった『私設鉄道法』に対して鉄道建設のハードルを下げた法律で、『私設鉄道法』あるいは『軽便鉄道法』を選択する形で民間の鉄道建設を促すものだった。ちなみに「軽便鉄道」というとナローゲージの鉄道を思い浮かべるが、この法律には軌間についての制約はなく、日本の標準軌となる1067ミリ、あるいはそれ以上の軌間で建設された鉄道も多い。年代からすれば京王電気軌道も『軽便鉄道法』に拠ることも可能だったが、すでに『軌道条例』で特許を受けているので、そのまま進めるのが得策と判断したと思われる。

ただし、『軽便鉄道法』では助成制度も設け、しかもあまりに間口を広げてしまったため、『私設鉄道法』が有名無実化してしまう。そのため、1919（大正8）年には『地方鉄道法』を制定して、『私設鉄道法』および『軽便鉄道法』は廃止された。

また、『軌道条例』も実情から乖離してきたため、1921（大正10）年には『軌道法』が制定され、翌年1月から施行された。これにともない『軌道条例』も廃止されている。

京王電気軌道の建設

京王電気軌道では1912（明治45）年6月8日、調布町の第一尋常小学校校庭（現在の調布駅南口付近）で起工式を開催した。会場には紅白の幔幕《まんまく》が張り巡らされ、朝早くから関係者や近隣の人々など大勢が集まったという。実際の線路工事は同年4月から始まってはいたが、特許として認可を受けてからすでに5年もの歳月が過ぎていた。

なお、この着工に先駆けて前年の10月10日には本社を東京府豊多摩郡代々幡村大字代々木２０７番地に移転している。初代本社の至近で、西参道に面した場所だ。現在、一対の灯篭が立っているが、その東側付近となる。ちなみにこの灯篭は１９２０（大正９）年の明治神宮の創建に向けて、代々幡町（１９１５／大正４年に町制）が前年に奉納したものだ。

建設工事は、新宿〜調布間を第一期工事区間とし、さらにその間を３つの工区に分けて進められた。

第一工区の新宿〜笹塚間は、当初より甲州街道上の併用軌道と専用軌道が混在する形で計画されていたが、専用軌道部分の用地買収が難航した。そのため、玉川上水などの公用地も一部活用することになったが、本社所在地付近はSカーブが連続することになった。京王の『工事方法書』によると「曲線半径ハ五拾呎、勾配は弐拾五ノ一ヲ以テ限度トス」とある。つまり、最急曲線半径50フィート（15・２４メートル）、最急勾配25分の１（40パーミル）というもので、一般的な鉄道では問題外、路面電車ゆえ許されるような規格だった。

いっぽう、第二・第三工区の笹塚〜調布間は耕作地の広がる田園地帯だったこともあり、工事は順調に進み、着工から10か月後の１９１３（大正２）年４月15日には開業を迎えることとなった。明治晩年、沿線の千歳村（現・世田谷区蘆花恒春園）に居を構えた徳富蘆《とくとみろ》花《か》は同年刊行の『みゝずのたはこと』に載せた『故人に寄す』で「新宿八王子間の電車は、儂の居村から調布まで巳に土工を終へて鉄線を敷きはじめた。トンカンと云う鉄の響が、近来警鐘の如く儂の耳に響く」と記している。この一文で鉄道建設の槌音が聞こえてくる。なお、線路敷設に合わせて府中火力発電所の建設も行なわれ、こちらは半年余りで完成した。そこで発電する電力は鉄道運行用と共に一般への販売もめざしており、１９１３（大正2）年1月1日から調布町、多磨村、府中町、西府村で電気配給を開始している。

京王電気軌道の開業

京王電気軌道は、１９１３（大正2）年4月15日、まず笹塚〜調布間12・2キロを開業した。着工まで時間がかかったが、この間の工事は10か月足らずで完成したことになる。同日から営業を開始し、『京王帝都電鉄三十年史』によれば「近郷近在から施設も新しい笹塚停車場に詰めかけた見物人は、その数数百を数えたという」「発車と同時に万歳が起こり、歓声があがった」と当時の様子が記されている。

開業区間の路線は、笹塚から仙川までは基本的に現在のルートと同じだったが、この先で甲州街道の北側に抜け、調布の手前で再び甲州街道を南側に渡るというものだった。じつは仙川〜つつじヶ丘（当時は金子）間には国分寺崖線と呼ばれる崖が続き、そこを通過するための工夫だったのである。

軌間は現在の京王線と同じく１３７２ミリだった。メートル法で記載するとずいぶん中途半端な数字だが、ヤード・ポンド法では4フィート6インチと切りのいい数字となる。現在の日本ではいささか特殊な軌間だが、これは東京市内ですでに１００キロ以上の路線を営業していた東京市電（民間の路面電車を引き継ぎ、１９１１／明治44年に設立。のち東京都電）にならったもので、京王では「将来的な乗り入れを考えたうえでの採用」あるいは「路面電車の一般的な軌間と考えていた」といわれている。

全線単線、電力は直流６００ボルトを使用、車輪2軸の木造単車が集電用ポールを掲げて運行した。

鉄道開業時、その出発点が笹塚と新宿からはいささか不便な場所だったため、京王電気軌道では同日から新宿〜笹塚間、および調布〜府中〜国分寺間で乗合自動車（路線バス）を開業している。鉄道開業までの連絡という臨時措置だったが、東京では最初のバス営業となった。調布〜国分寺間の運行は電車計画区間の先行運行ともいえるものだったが、笹塚～調布間の電車業績は芳しくなく、その延長といえるバスの利用も少なかった。その結果、開業から一年を待たずに翌1914（大正3）年2月で運行終了としている。また、新宿～笹塚間も電車の延伸にともない1915（大正4）年2月で運行を終了した。

京王電気軌道のバス事業は、このときは2年足らずで廃止となったが、鉄道に比べて建設費のかからない交通手段として各界に注目されたようだ。1919（大正8）年には板橋乗合自動車、さらに「青バス」と呼ばれた東京市街自動車が運行を開始、その後、私鉄各社などの参入もあり路線バスは急速に発展していくことになる。京王電気軌道では1937（昭和12）年にバス事業を再開、現在もグループ会社として続いている。

線路の順次延伸で悲願の新宿発着を達成

京王電気軌道の開業日は多くの人が集まったが、当初は乗客よりも見学者の方が多かったようだ。業績は芳しくなく、開業早々資金の枯渇に追い込まれていった。調布～国分寺間のバス路線廃止もこうした経営危機を乗り切るための合理化だったのである。

この頃、第一次世界大戦が勃発。日本は戦場とはならなかったものの参戦している。その結果、軍需産業が栄え大戦景気ともなるが、国際収支は赤字が続いていた。その結果、

区間別の開業年

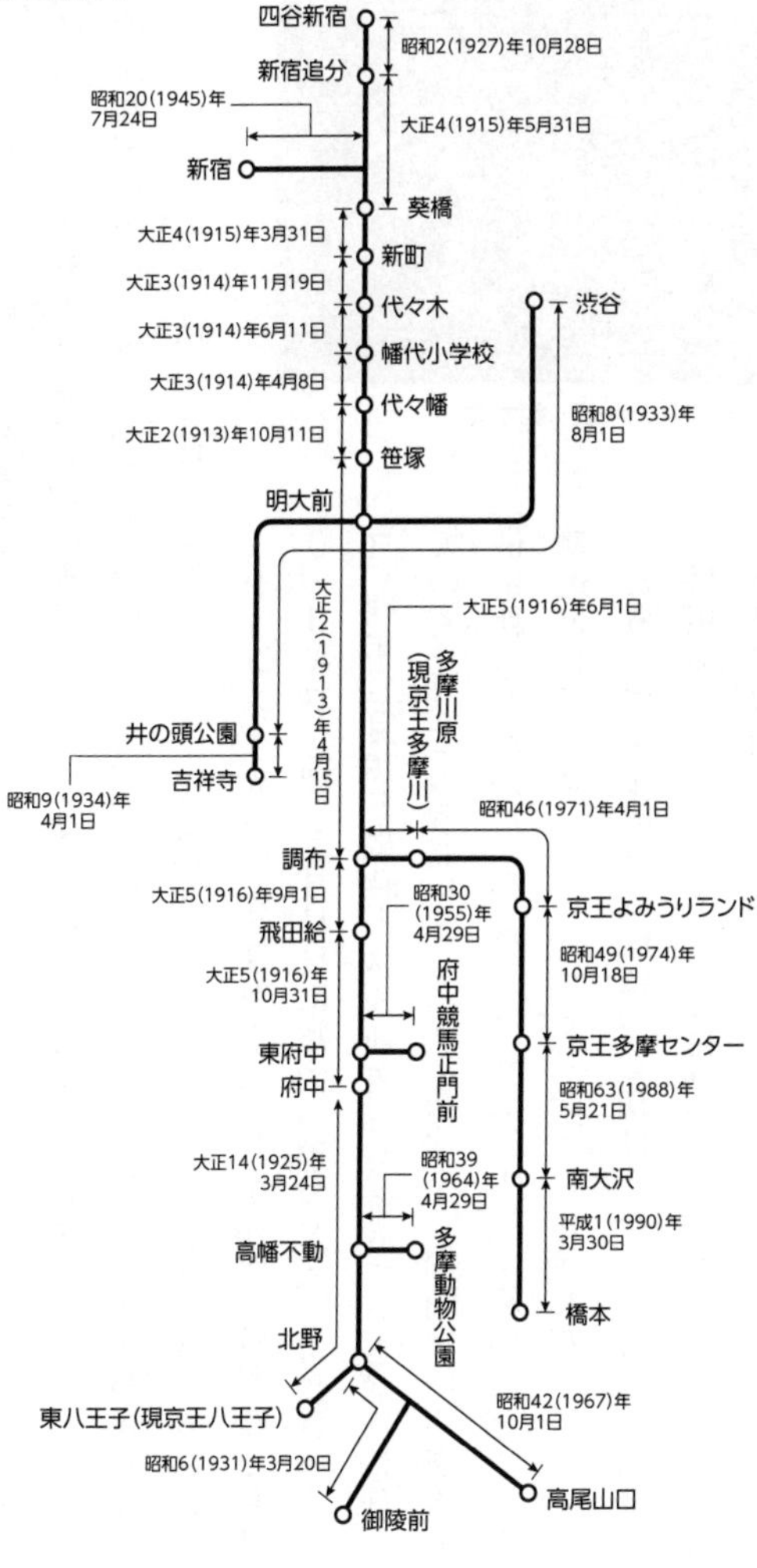
四谷新宿
昭和2(1927)年10月28日
新宿追分
昭和20(1945)年
7月24日
大正4(1915)年5月31日
新宿
葵橋
大正4(1915)年3月31日
新町
大正3(1914)年11月19日
代々木
渋谷
大正3(1914)年6月11日
幡代小学校
大正3(1914)年4月8日
代々幡
昭和8(1933)年
8月1日
大正2(1913)年10月11日
笹塚
明大前
大正5(1916)年6月1日
大正2(1913)年4月15日
多摩川原
(現京王多摩川)
井の頭公園
吉祥寺
昭和9(1934)年
4月1日
昭和46(1971)年4月1日
調布
大正5(1916)年9月1日
昭和30
(1955)年
4月29日
京王よみうりランド
飛田給
昭和49(1974)年
10月18日
大正5(1916)年
10月31日
府中競馬正門前
東府中
京王多摩センター
府中
昭和63(1988)年
5月21日
大正14(1925)年
3月24日
昭和39
(1964)年
4月29日
南大沢
平成1(1990)年
3月30日
高幡不動
多摩動物公園
橋本
北野
昭和42(1967)年
10月1日
東八王子(現京王八王子)
昭和6(1931)年3月20日
高尾山口
御陵前

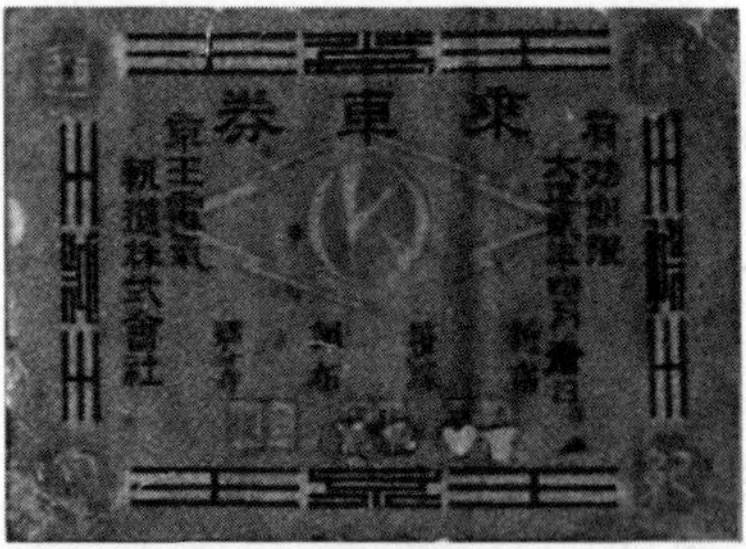

開業記念乗車券　所蔵：鈴木洋

国内資金は枯渇し、これが京王電気軌道の株式発行の障害となっていた。

　そこで京王電気軌道は経営陣を刷新、玉川電気鉄道の取締役兼支配人として敏腕を振るっていた井上篤太郎《いのうえとくたろう》を専務取締役に招へい、この危機を乗り切っている。

　そんな苦境の中、笹塚から新宿に向かう延伸工事が進められ、笹塚開業から半年後の1913（大正2）年10月11日に笹塚〜幡ヶ谷〜代々幡間1・3キロを延伸開業、さらに翌1914（大正3）年4月8日に代々幡〜幡代小学校間0・3キロ、同年6月11日に幡代小学校〜代々木間0・7キロ、同年11月19日に代々木〜新町間0・6キロと順次延伸していった。このうち、代々幡〜幡代小学校間は甲州街道の併用軌道となったが、それ以外は玉川上水沿いなどで専用軌道としている。

　こうして牛歩のような延伸を続け、新町からは甲州街道の併用軌道として0・4キロ延伸、1915（大正4）年3月31日には国鉄新宿駅西側の葵橋まで達した。

　当時の新宿駅は山手線と中央線の発着するターミナル

だった。当初、日本鉄道および甲武鉄道という私鉄で建設されていたが、１９０６（明治39）年に相次いで国有化され、鉄道院による改良工事が行なわれている。この時代、新宿の街は内藤新宿として青梅街道沿いが栄えていたが、この工事では用地に余裕のあった甲州街道に面した東側に新たな甲州口駅舎を建てている。甲州街道は踏切によって鉄道と交差していたが、これは木造の人道橋「葵橋」を設けて人流を速やかに改善した。京王電気軌道はこの跨線橋の西側のたもとに発着するようになったのだ。

ただし、京王電気軌道では葵橋到達に甘んずることなく、東側の甲州街道と青梅街道の新宿追分交差点（現・新宿三丁目交差点）まで線路延伸を進めた。

葵橋は１９２５（大正14）年に車両通行も可能なコンクリート橋に架け替えられるが、京王の葵橋延伸時点では先述のように木造の人道橋で、電車の通行は不可能だった。そこで京王電気軌道は人道橋の南側に独自の跨線橋（京王もこれを「葵橋」と呼んだ）を並行して架橋し、新宿駅の東側へと向かうことになった。これは１９１５（大正４）年5月1日に完成、甲州口駅舎の前に停車場前を設けた。葵橋〜停車場前間はわずか0・4キロだったが、京王電気軌道にとっては大きな前進だった。

停車場前からは再び甲州街道の併用軌道として０・６キロ延伸され、最終目的地の新宿追分まで達したのは同年5月30日だった。これにより当初、計画された新宿～調布間16・1キロが全通したのだ。

この新宿追分の青梅街道には、1904（明治37）年に東京市街鉄道として開通していた東京市電がすでに運行していた。京王電気軌道は東京市電への直通も目論んでおり、それと同じ1372ミリ軌間で敷設されていたが、当初、線路は接続されないまま、交差点の手前の甲州街道上で折り返すスタイルだった。安全地帯もなく、乗客は道路から直接電車に乗降することになったが、ここから東京市電に乗り継いで都心方面への連絡もできるようになり、ようやく営業的な光が見えてきた。

じつは井上篤太郎の就任は、この新宿追分開業翌月のことで、旧経営陣は資金の厳しい中、よく頑張ったといえるだろう。

井上は就任後、早速銀行からの借り入れも行ない、調布～府中間の本線延伸、多摩川原支線の建設、さらに本線の複線化などを進めていった。この貸し出しを担当したのはのちに三菱銀行に合併される野村銀行で、京王創立以来メインバンクとして関わっていた。

この資金調達について井上は『京王帝都電鉄三十年史』で「125万円の会社で、借金が87万円もあった。（中略）この貧弱な京王へ（中略）また50万円貸してもらいたいというずいぶん無理な申入れ」をしたとしている。じつは当時の野村銀行の資本金は50万円で、銀行の経営を左右する高額出資だったのだ。もっとも井上を京王に送り込む采配をしたのも野村銀行だった。そうした手前、井上の要請をむげに断るわけにはいかなかったと思われる。井上は京王就任の前、玉川電気鉄道の再建を果たしており、野村銀行ではその手腕に掛けたのである。

多摩川原支線を建設、府中への延伸開業も果たす

無事、資金のめども立ち、調布から先の建設工事も始まった。

最初は調布から多摩川原（現・京王多摩川）に向かう1・1キロの多摩川原支線（現・京王相模原線）が1916（大正5）年6月1日に開通している。当時、多摩川原周辺に集落はなかったが、京王電気軌道では多摩川の川原で採掘する砂利の販売、そして多摩川の川原を行楽地として観光客を誘致することを計画していた。詳細は第3章で改めて紹介するが、新たに経営を担うことになった井上篤太郎もこの計画を評価、実現に向けて動いたのである。結果的に1923（大正12）年の関東大震災により建設資材需要が急騰し、この砂利採取事業は成功を収めることになる。

また、調布から府中に向けた建設工事も並行して行なわれ、同年９月１日には飛田給まで１・８キロが開通、さらに同年10月31日には飛田給〜府中間４・２キロも完成し、日本電気鉄道時代から計画していた新宿〜府中間が完成した。ちなみに新宿追分〜府中間の営業距離は22・１キロ、京王の電車はここを約60分で結んだ。

府中は律令時代から国府の置かれていたところで、甲州街道新宿〜八王子間では最大の町となっていた。この新宿〜府中間開業により、府中町そして調布町は大きく発展していくことになる。田畑が広がる田園地帯だった沿線も徐々に宅地開発が進み、沿線人口が増えていった。これにより京王の電車利用者も右肩上がりに延びていった。ちなみに笹塚〜調布間開業の１９１３（大正２）年下期は13万７２００人（１日平均７５０人）だったが、新宿〜府中間開通を受けた１９１７（大正６）年上期には１００万人（１日平均５６００人）となる。さらに１９２５（大正14）年上期には１０００万人（１日平均５万６４００人）と大きな伸びを見せた。

こうした需要を賄うため、京王では運転本数を増やし、複線化も進めていく。

全通時、新宿追分〜笹塚間は15分間隔、府中までは30分間隔で、ほどなく調布〜府中間も15分間隔に増発された。また、新宿追分〜笹塚間は最初から複線にて建設されていたが、笹塚以西は単線だった。ここでは工事の準備が整ったところから順次複線化し、１９２３（大正12）年5月1日には新宿追分～府中間全線の複線化を完了、翌年には多摩川原線の複線化も実施している。

なお、新宿追分～府中間全線の複線化が完了した年の9月1日には関東大震災が発生した。マグニチュード8以上という震災により、関東一円で壊滅的被害を受けている。また、地震発生が11時58分ということもあり、昼食準備による火災も各地で発生、その被害もすさまじかった。統計によると全半壊家屋約26万戸、焼失家屋約45万戸、死者約10万人とされ、東京市の大半が焦土と化した。

京王電気軌道も施設焼失や車両破損などの被害を受けたが、全社挙げての復旧に取り組み、4日後には運転再開、6日後にはほぼ全線復旧となった。

東京では中心部の被害がひどかったこともあり、被災者たちが郊外に移転する動きも多く、京王沿線の人口が増えていく。先述の乗客増加にはこのような背景もあったのである。

玉南電気鉄道の創立

京王電気軌道では、開業前の武蔵電気軌道時代に掲げた新宿～八王子間の運行が悲願となっていた。しかし、府中〜八王子間には多摩川が流れており、それを渡る橋梁建設には多額の資金と工期が見込まれた。すでにこの間の特許も得ていたが、建設に至らぬまま1915（大正4）年から翌年にかけ、府中〜国分寺間の特許と合わせて失効してしまった。

京王電気軌道では、府中開業で勢いを得たこともあり、関東大震災前から改めて府中〜八王子間の建設を進めるべく画策を練った。そこで井上篤太郎は1919（大正8）年に施行された『地方鉄道法』を使い、別会社による建設という方針を立てた。じつは『地方鉄道法』に準拠した鉄道であれば、『地方鉄道補助法』も受けられ、この特典を活用するアイディアだったのである。

『地方鉄道補助法』は『地方鉄道法』前身の『軽便鉄道法』時代にあった『軽便鉄道補助法』を引き継ぐものだった。『軽便鉄道法』『地方鉄道法』では国家として鉄道建設を促す狙いがあり、合わせて『軽便鉄道補助法』『地方鉄道補助法』も用意されたのだ。

『地方鉄道補助法』の場合、開業から10年間（『軽便鉄道補助法』の初期は5年間だったが、1914／大正3年から10年間に延長、『地方鉄道補助法』はこれに準拠した）、政府が5％以上の利益を補償するもので、それを下まわった場合は鉄道に対して助成金が出た。極めて手厚い保護政策で、これにより軽便鉄道と同様に地方鉄道の創業も続いていた。

ただし、『軽便鉄道法』では軌間の決まりはなかったが、『地方鉄道法』では軌間の基本を１０６７ミリか１４３５ミリ（例外的に７６２ミリも認める）とする定めが付加されていた。そのため、京王電気軌道の１３７２ミリでは『地方鉄道補助法』による補償は見込めず、１０６７ミリを受け入れることにしたのである。軌間が異なれば直通運転はできず、井上としては苦渋の選択だったと思われる。

かくして玉南電気鉄道の名称で１９２１（大正10）年に府中～八王子間の免許を得た。「玉南」とは多摩川（玉川）の南側といった意味が込められている。翌年７月27日には新会社を設立した。ちなみに同社資本金１５０万円のうち４割は京王が親会社として負担、残りは沿線有志が引き受けた。

玉南電気鉄道の開業

玉南電気鉄道は会社創立と共に用地買収を進め、建設工事に着工した。

府中～八王子間のルートは、京王電気軌道時代に特許を得ていたものとは異なり、府中から南西に進み、中河原で多摩川を渡り、多摩丘陵の北側を通って八王子に至るものだった。このルートから「玉南」となった。

途中、関東大震災もあったが工事は順調に進み、1925（大正14）年3月24日に府中〜東八王子間16・3キロを一気に開業している。終点の八王子は、当初、中央本線八王子駅の南側に開設する計画だったが、中央本線の下をくぐって北側に抜け、東八王子駅（現・京王八王子の前身。現在は200メートルほど移転、地下化されている）とした。

軌間は『地方鉄道法』で規定された1067ミリ、全線単線、電気は京王電気軌道と同じく直流600ボルトだった。車両は専用につくられたモハ1形。京王電気軌道は2軸単車でスタートしているが、こちらは14メートル級のボギー車だった。当初6両、翌年に4両増備されて10両となっている。

玉南電気鉄道開業時、府中〜東八王子間の所要時間は32分、京王の新宿追分〜府中間は最短52分に短縮されており、計算上の合計は84分。一方、国鉄の中央本線の新宿〜八王子間はおおむね75分と若干早かった。運転本数は京王・玉南が15〜30分間隔だったのに対し、国鉄は蒸気機関車牽引の〝汽車〟で運行、1日14往復となっていた。

また、運賃面も対抗した。京王・玉南と別会社ゆえ、それぞれ新宿追分〜府中間36銭、府中〜東八王子間31銭と定められ、合計すれば67銭となる。一方、国鉄の新宿〜八王子間は58銭だった。そこで京王・玉南では「通し乗車券」も発売、新宿追分〜東八王子間は58

銭と中央本線と同額にした。さらに往復１円10銭という破格のサービスも行なったが、府中での乗り換えが嫌われ、乗客の伸びは芳しくなかった。

さらにあてにしていた補助金も出なかった。沿線にある高幡不動尊の境内に建つ「玉南電氣鉄道記念之碑」には玉南の建設、開業、終焉に至る経緯が記されているが、ここに「不幸補助法ニ據ル補助ヲ得ス」と明記されている。井上の目論見は不成功に終わったのだ。

玉南電気鉄道が鉄道省の運営する国鉄中央本線と並行する競合路線と見なされたのか、またはロビー活動が足りなかったのか、その経緯については諸説あるが、補助金が出なければ別会社にしておく意味もない。結局、１９２６（大正15）年12月４日に玉南電気鉄道は京王電気軌道に吸収合併となった。これにより、京王は新宿追分～東八王子間38・４キロを統一営業することになったのである。

会社は京王電気軌道としてひとつにまとまったが、問題は京王と玉南の規格を統一して直通運転することだった。両者の違いは軌間だけでなく、ホーム高さや車両の幅など細部にあった。結局、軌間は京王に合わせて１３７２ミリで統一、ホーム高さなどは将来的な利便を見て玉南規格に統一することになった。

合併からほどなく工事が始まり、改軌は１９２７（昭和２）年６月１日に完成している。

ただし、京王側でも仙川〜調布間を現行ルートに改良、さらに新宿追分を本格的な駅にするなどの工事が行なわれ、直通運転は翌年5月22日からとなった。このとき、新宿追分〜東八王子間の所要時間は68分、運転本数は一日56往復として国鉄中央本線を圧倒している。

京王ビルディングと新宿追分駅

京王電気軌道の起点は1915（大正4）年から新宿追分となっていたが、ここは道路上の併用軌道だった。路面電車の停留場で、新宿〜八王寺間を結ぶ鉄道のターミナルとしては機能的にも見劣りするものだった。

そこで道路わきに用地を求め、鉄筋コンクリート造り、地上5階建て、地下1階というビルを建設、ここに電車を発着させてターミナルとする計画を立ち上げる。このビルは「京王ビルディング」の名前で1927（昭和2）年10月28日に竣工した。この日から道路上の新宿追分駅は100メートルほど移動してビル内に移った。

この京王ビルディングは、東京では初となる駅ビルで、駅は1階部分に設けられた。櫛形頭端式ホームを使い、線路は3番線まで。さらに貨物ホームの側線もあった。また、2階以上はテナントとして、当初、武蔵屋呉服店が入り、1929（昭和4）年からは松屋百貨店が進出している。こうした活用も目新しく話題を呼んだ。ただし、松屋は４年足らずで撤退、以後は京王パラダイスや東京パンなどが出店している。

旧新宿追分駅界隈の線路は、当初撤去する考えだったが、これは東京市電との連絡線として残されることになり、接続部もつくられた。以後、この連絡線を使い、多摩川で採掘された砂利の輸送などが行なわれている。関東大震災後、工事資材として砂利需要が多かったようで、数年間使われている。ただし、旅客の直通運転はされていない。

なお、多摩川畔に京王閣遊園地が完成したのも１９２７（昭和２）年のことで、京王の各種事業がつぎつぎと形をなす時期でもあった。

昭和初期の乗車券。「多摩川原」の駅名が載る
所蔵：鈴木洋

御陵線の建設

時代は大正から昭和へと移っていたが、大正天皇の崩御は１９２６（大正15）年12月25日のことだった。陵墓は多摩御陵（現・武蔵陵墓地）として八王子の郊

外につくられた。関東初の皇室陵墓ということもあり、1927（昭和2）年12月に完成すると全国から参拝者が訪れるようになった。

参拝は中央本線の八王子駅、そして京王電気軌道の東八王子駅からバスで向かうのがメインルートとなり、京王も休日には2両編成の電車を走らせるなど輸送力をアップした。

こうした状況下、1929（昭和4）年には八王子〜高尾間などの路線を計画した武蔵中央電気鉄道が開業する。同鉄道は1932（昭和7）年までに東八王子駅前・八王子駅前〜御陵前〜高尾橋間を完成させる。これは路面電車としての運行だったが、八王子以西への延伸も考えていた京王にとっては競合会社となった。

さらに国鉄中央本線の電化も進められており、1930（昭和5）年には浅川（現・高尾）まで完成した。これにより都心〜浅川間の電車運転が始まり、これも京王には脅威だった。

そこで京王電気軌道では、多摩御陵参拝輸送を担うべく、東八王子から御陵までの延伸を計画する。これは1927（昭和2）年に特許を得たが、八王子市民が市内の鉄道建設に難色を示し、市議会でも「市街地の分断」とされ、京王の計画はとん挫した。

しかし、多摩御陵参拝の流れは続いており、京王電気軌道としてはこれを好機ととらえていた。そこで今度は北野から八王子の南側を迂回するルートに変更して計画を進めた。1929（昭和4）年に路線変更認可を得て着工。沿線の大半が未開発の雑木林だったこともあり、工事は順調に進み、1931（昭和6）年3月20日には北野～御陵前間6・4キロを御陵線として開業した。

御陵前駅（当時の絵葉書より）　所蔵：鈴木洋

御陵前駅は、銅葺き神殿造り風とした立派な駅舎を持ち、駅前にも噴水を備え、多摩御陵参拝の玄関口として相応しいつくりとされた。平日は北野～御陵前間の折返し運転だったが、休日には新宿から所要65分で直通する電車も運転している。

また、皇族のご利用も見込めたため、京王では貴賓用電車（500号）も用意している。しかし、中央本線に皇室専用の駅（東浅川仮停車場。大喪の際に使用、その後廃止される予定だったが、暫く皇族専用に残された）もあったため、この車両は照宮成子内親王などが数回利用されただけに留まった。

こうしてつくられた御陵線だったが、太平洋戦争の戦局悪化にともない不要不急線とされ、1945（昭和20）年1月21日に運転休止、その後、再開されることはなかった。ただし、それからおよそ四半世紀後、線路敷きの一部が高尾線建設に利用されている。

なお、路面電車として運行された武蔵中央電気鉄道は経営的には振るわず、八王子〜高尾間で競合する八王子市街自動車を買収する施策もとったが効果を見せなかった。結局、同社は1938（昭和13）年6月1日付で京王電気軌道に事業譲渡のうえ、解散している。京王は買収後、一部区間を継続運行したが、わずか1年後の6月30日に営業を停止、八王子市内を走る路面電車はなくなった。

山手急行電鉄の設立

昭和初期、京王電気軌道は現在に続く基幹路線となる京王線をほぼ完成させ、さらにいくつかの支線も運行するようになった。この時代に運行を開始した路線として井の頭線がある。ただし、これは京王電気軌道とはまったく別の成り立ちをした路線だ。しかもひと筋縄ではいかない、紆余曲折の歴史があった。

井の頭線のルーツをどこに求めるか難しいが『京王帝都電鉄三十年史』では「第二の山

手線」とも呼べるような「東京山手急行電鉄」の紹介から始めている。

東京山手急行電鉄は、その名のように東京の山の手での運行をめざした鉄道だった。ルートは東海道本線の大井町駅を起点とし、目黒、世田谷、中野、板橋、駒込と山の手をめぐり、その先は尾久、千住、亀戸と下町を経由して江東の洲崎に向かう全長42・２キロにおよぶ壮大な路線を計画していた。

三十年史では「第二の山手線」と称しているが、第一となる山手線は明治初期に日本鉄道によって運行を開始していた。国有化前から東京を支える重要な路線として改良が続き、国有化後の１９０９（明治42）年には電車運転を開始した。当初は環状ルートの線路ができておらず、いわゆる「C」の字形で運転していた。その後、中央線も含めた「の」の字形となり、関東大震災後の１９２５（大正14）年から現在に続く環状運転となった。

東京山手急行電鉄の計画は、この環状運転が始まるより少し前の１９２１（大正10）年９月に「東京電気鉄道」の名前で出願されている。

この時代、『地方鉄道法』が公布され、それに付帯する『地方鉄道補助法』もあり、日本中で多くの鉄道建設出願が続いていた。東京電気鉄道もその波に乗った計画と思われる。

いっぽう、免許方針はかなり厳格になり、東京電気鉄道の審議が続いている時に鉄道大臣となった仙石貢《せんごくみつぐ》は特に慎重だったといわれている。仙石は九州鉄道の社長を長年務めた経験から採算を重視し、むやみと補助法を頼る動きに歯止めをさした。さらに新たな鉄道に対して「省線（国鉄線）との並行線は原則として免許せず」という方針も出している。先述した玉南電気鉄道開業時の鉄道大臣も仙石であり、補助金を得られなかったのは仙石の判断によるものだったかも知れない。

東京電気鉄道の審議中に関東大震災が発生、決着がつかぬまま時間が過ぎていく。東京電気鉄道の計画に対しては、仙石だけが慎重だったわけではなく、鉄道省内でも反対が多かった。都心から放射状に延びる路線はまだ完成していないのに無理に山手線と接近した環状線をつくる必要があるのかという趣旨で、複数の局長クラスから声が上がっていたのだ（『交通と電気』第6巻）。

震災翌年の1926（大正15）年9月、東京電気鉄道は社名を「東京山手急行電鉄」に変更、改めて出願した。ここではルート以外の計画も記録が残っており、軌間は1435ミリを採用、線路は掘割に敷設して踏切皆無というものだった。また、国鉄と連携した輸送も行なうべく、1067ミリ軌間も併設する三線軌道とする計画もあった。夜間帯、ここに貨物列車を走らせ、国鉄の放射状路線を相互に結ぶ運行を考えたようだ。戦後に完成した現在のＪＲ武蔵野線を思わせる構想だ。

関東大震災後、京王電気軌道の例にもれず東京の郊外を結ぶ鉄道の伸びは順調だった。沿線の人口は激増し、比例して会社の業績も上がった。この時代に『私鉄物語』を著した清水啓次郎も「私鉄で一番儲かるのは郊外線だ」とも言及している。

東京電気鉄道としては、この機を逃してはならないという意向もあったと思われるが、実は同年６月３日付で仙石が罷免され、井上匡四郎《いのうえただしろう》が新しい鉄道大臣として就任している。こうした政界の動きをくみ取り、新たな施策に出たと思われる。

東京山手急行電鉄と社名を変えて新たに出願した路線は、１９２７（昭和２）年４月19日に免許を得た。実は仙石、井上と２人の鉄道大臣を擁した若槻禮次郎《わかつきれいじろう》内閣が翌４月20日に解散、その駆け込みでの許可となったのだ。当時、多くの鉄道申請が出ていた中、この時は東京山手急行電鉄を合わせて４線だけを許可したもので「鉄道はじまって以来の怪事件」（『交通と電気』第６巻）と世間をにぎわせた。

免許取得後の株式公募は盛況で、１９２８（昭和３）年９月24日に東京山手急行電鉄が設立した。ただし、免許取得に関わる疑獄事件となったため、幹部は一掃され、小田原急行電鉄（現・小田急電鉄）の創業者で鬼怒川水力電気の社長でもある利光鶴松が招かれ、社長に就任した。

東京山手急行電鉄は免許取得後、速やかに事業準備を開始したが、翌1929（昭和4）9月にウォール街大暴落をきっかけとした世界恐慌が始まり、日本も深刻な不況に陥る。「第二の山手線」事業は、進展しないまま中断せざるを得なかった。ただし、会社は存続となり、1930（昭和5）年11月26日付でさらに「東京郊外鉄道」と社名を改めている。

帝都電鉄として「井の頭線」が開業

ちょうどこのころ、渋谷〜吉祥寺間の免許を得た鉄道があった。

この鉄道は当初「東京郊外電気鉄道」として渋谷〜東村山間の免許を申請したが、1927（昭和2）年4月に却下されてしまった。そこで区間を渋谷〜吉祥寺間に短縮、社名も「城西電気鉄道」と改めて再出願し、1928（昭和3）年1月30日付で免許を得たものだった。同年7月28日には「渋谷急行電気鉄道」と改めて事業を開始したが、やはり世界恐慌を受けた資金難で建設が進まなかった。

ここで動き出したのが、鬼怒川水力電気だった。同社は電力会社だったが、利光鶴松の縁で東京郊外鉄道や小田原急行電鉄に資本を出していた。この時代、電力会社にとって電気鉄道は大口の顧客であり、こうした関係は全国各地で一般的なものだったのである。鬼怒川水力電気では渋谷急行電気鉄道にも資金援助することになり、渋谷急行電気鉄道の筆頭株主となった。こうして３つの鉄道は同じ資本下になったのである。

こうした動きの中、東京郊外鉄道はとん挫した「第二の山手線」計画をひとまず棚上げ、その支線ともなりうる渋谷急行電気鉄道が免許を得ていた渋谷～吉祥寺間の路線開業をめざすことになった。

まず、１９３１（昭和６）年２月１日付で東京郊外鉄道は渋谷急行電気鉄道を合併、同年６月から「渋谷線」として工事を開始した。線路規格は「第二の山手線」計画ではなく、系列となっていた小田原急行電鉄に準じることとなり、軌間は１０６７ミリ、電力は直流１５００ボルトとされた。

起点となる渋谷界隈ではすでに街が形成されており、用地買収が困難だった。そのため、地下の使用権だけを取得して隧道とする方式で対応することになり、現在の神泉駅を挟んだ渋谷隧道と神泉隧道がつくられた。ただし、トンネル上の土被が薄く、最少３メートル足らず。そこで単線馬蹄形が２本並ぶ構造とし、さらにトンネル内の構造は硬質で吸水量の少ない八幡製鉄所製の鉱滓レンガを使用した。

また、久我山〜三鷹台間では台地を掘削した切り通しとしている。当時、この台地は耕作地だったが、鉄道によって南北に分断されるために用地買収が難航した。戦後、小田急電鉄社長に就任する安藤楢六《あんどうならろく》は、当時、小田原急行電鉄から東京郊外鉄道に出向、界隈の用地買収を担当していた。なかなか買収が進まぬため、安藤は久我山に土地を得て自宅を建て、同じ地域の住民として説得にあたった。これにより鉄道用地の買収に無事成功したと伝えられている。以来、安藤は1984（昭和59）年の逝去までこの地で過ごした。

渋谷線の工事は井の頭公園〜吉祥寺間でも苦労があった。吉祥寺駅の手前に水道道路（現・井の頭通り）があり、これを立体交差で跨がねばならなかった。この道路には境浄水場から和田堀給水所に至る水道管が通じており、踏切として鉄道の荷重をかけることができなかったのだ。そのため、渋谷線では吉祥寺駅やそれに至る区間を築堤構造としているが、これに要する土砂の入手が困難だったのである。

結局、渋谷線は1933（昭和8）年8月1日に渋谷〜井の頭公園間で暫定開業することになった。この開業に先立ち、東京郊外鉄道は同年1月19日付で「帝都電鉄」と名前を改めている。実は東京市では1932（昭和7）年に行政区画整理が行なわれ、市域が拡大された。渋谷線の建設当時は渋谷すらも豊多摩郡渋谷町で、沿線は同郡や多摩郡となっていた。市域拡大で沿線は渋谷区、目黒区、世田ヶ谷区（現・世田谷区）、杉並区となり、三鷹台以西を除く大半が東京市内となったのである。今さら「郊外」ではなかろうという ことでの改称だったという。

暫定開業の翌１９３４（昭和９）年４月１日、帝都電鉄の渋谷～吉祥寺間12・８キロ全線が開業となった。

帝都電鉄では開業に向けて車両（モハ１００形）を新製しているが、当時の関東私鉄ではもっとも洗練されたデザインと評価され、性能的にも優れたものだった。しかし、短距離路線では性能的に過大だったため、増備車は出力を下げるなどコストダウンをはかっている。

また、建設工事の資金不足からレールは省線（国鉄）の中古品を使い、路盤も万全ではなかった。電車の動揺も大きく、営業列車の脱線もあったという。出力調整は、こうした状況から運転速度を下げる制約があり、それにともなうものだったかも知れない。

なお、帝都電鉄は「第二の山手線」となるいわゆる環状線の計画を諦めたわけではなく、西松原（現・明大前。当時、京王線は松原）では渋谷線と環状線が接続し、複々線となって京王線の下をくぐる設計をしている。そのため、京王線、甲州街道、玉川上水との交差部は複々線として建設された。結局、環状線は計画のまま頓挫するが、これらの交差部には複々線の遺構が残り、当時の壮大な夢をいまに伝えてくれる。

この環状線については1932（昭和7）年までに工事認可を得たが、1936（昭和11）年1月に駒込以東の免許を失効してしまう。前後して残った大井町〜駒込間の竣工期限を1939（昭和13）年11月まで延長するものの動きがなかった。

「第二の山手線」計画により大きな話題を提供した帝都電鉄だったが、開業後はなかなか成績を延ばすことができず、1940（昭和15）年5月1日付で小田原急行鉄道に吸収合併され、渋谷〜吉祥寺間は小田原急行鉄道帝都線となった。この合併に先立ち、帝都電鉄は大井町〜駒込間の起業廃止を届け出、4月22日付で許可されている。こうして「第二の山手線」計画は幻に終わった。

なお、小田原急行鉄道となった帝都線は小田急線とは独自に運営された。両線では車両番号の重複もあったが、改番されずに運用されている。また、両線の車両が融通されることも戦時中の非常事態となるまでなかった。両線は下北沢駅で接しているが、線路は立体交差。線路は独立しており、線路を通じた車両移送はできなかったのである。この間の連絡線ができるのは戦時中の緊急施策のときだった。

〝大東急〟の発足

１９３７（昭和12）年、日中戦争が勃発、これにより日本は戦時体制へと進んでいくことになる。翌１９３８（昭和13）年には『陸上交通事業調整法』、前後して『国家総動員法』『電力管理法』などが制定された。さらに１９４０（昭和15）年から『陸運統制令』『配電統制令』などによる統制も始まった。そして１９４１（昭和16）年12月８日から太平洋戦争も始まった。

当時の鉄道事業などに関わる『陸上交通事業調整法』は、各地の民営鉄道やバスの事業調整や統合を促進、これによって生み出される余剰な資材、労力、技術を他の緊急を要する分野に振り分けるという意図があり、さらに戦時下における各交通の円滑な運営も期待するものだった。また、『配電統制令』は電気配給事業を国家管理とするものだった。

京王電気軌道は『陸上交通事業調整法』施行以前から沿線の交通機関の統一を自主的に進めていた。御陵線の項で紹介した武蔵中央電気鉄道のほか、沿線にあった八王子市街自動車、甲州街道乗合自動車、高幡乗合自動車、由木乗合自動車、藤沢自動車、東都乗合自動車、鳩ケ谷自動車などの買収、吸収、傘下化を行ない、さらには玉川電気鉄道との合併計画も進めるなどしていた。陸上交通事業調整法は戦時体制をつくる意味合いもあったが、それ以前に林立する小規模な事業体の効率化をはかる目的もあり、京王電気軌道の施策はまさにそれに則ったものだった。

いっぽう、帝都電鉄を合併した小田原急行鉄道は、1941（昭和16）年3月1日付で「小田急電鉄」と社名を変更する。これは単なる社名変更ではなく、会社組織の変革を受けたものだった。小田原急行鉄道の親会社ともいえる鬼怒川水力電気は『電力管理法』を受けて基本事業としていた発送電を国策会社の「日本発送電」に譲渡することになった。その結果、基本事業を失い、小田原急行鉄道の持ち株会社となってしまったのだ。そこで鬼怒川水力電気は本業を鉄道事業に切り替え、社名を小田急電鉄としたのである。法的にはこのような変革だったのだ。これにより小田原急行鉄道帝都線は、小田急電鉄帝都線となった。

政府は『陸上交通事業調整法』の公布後、東京の私鉄に対しては6つの地域に分け、中央本線以南は西南ブロックとして調整を進めた。当時「東京横浜電鉄」の社長に就任していた五島慶太《ごとうけいた》はこの政策に準拠するかたちで東京南西部に点在していた鉄道会社との吸収合併を進めていった。

小田急電鉄は独自の運営を続けていたが、1941（昭和16）年9月に五島が社長に就任した。また、同年11月には京浜電気鉄道、湘南電気鉄道、湘南半島自動車の合併で、新たな京浜電気鉄道が発足するが、この社長となったのも五島だった。こうして五島による体制がつくられ、1942（昭和17）年5月1日付では小田急電鉄と京浜電気鉄道は東京横浜電鉄に合併となったのだ。

これを機に合併会社の社名を「東京急行電鉄」と改めているが、その社長に就任したのも五島だった。この合併の際、小田急電鉄帝都線も東京急行電鉄となったが、線名は帝都線から「井の頭線」に改めている。五島にとって帝都電鉄の残影が残る名称は嫌だったのかも知れない。

東京急行電鉄は、その後も吸収合併を続け、最終的に営業総延長330余キロに達し、戦後の新生・東京急行電鉄（現・東急電鉄）と呼び分けるため、〝大東急〟とも称されている。

京王電気軌道の東急合併

こうした状況の中、京王電気軌道は独自の道を歩み続けていた。

東京急行電鉄発足に前後し、五島側からは再三合併を即す働きかけがあったが、当時、京王電気軌道の会長に就任していた井上篤太郎が合併に反対し続けていた。ひとつは独自に沿線自動車との合併を行なっており、これが陸上交通事業調整法の主旨に則るとして相応の評価を得ていたのである。さらに鉄道事業と並行して進めていた配電事業も好調だった。合併に頼る必要はなかったのだ。

しかし、『電力管理法』によって1941（昭和16）年に施行された『配電統制令』が京王電気軌道を窮地に追い込んでいく。京王電気軌道は当時40万灯を超える配電を行なっており、これが経営の大きな支えとなっていたが、1942（昭和17）年3月31日付で同社の配電事業一式が関東配電へ譲渡されたのだ。これで大きな収入源が断たれた。

この年は太平洋戦争の局面転換期でもあった。京王電気軌道が配電事業を失った翌月、東京など国内主要都市に対する空襲が始まった。さらに同年6月にはミッドウェー海戦で大敗を喫す。この事実は秘密裏に処理されたが、これを機に戦局が大きく悪化していった。

時の東条英機《とうじょうひでき》内閣はさまざまな対応を行なっていくが、1943（昭和18）年11月1日付で海陸輸送体制を総合的に所管する組織として運輸通信省を発足させる。これは国鉄や京王電気軌道のような民営鉄道を監督する鉄道省と海運や郵便、通信、電気などを監督する逓信省を合併したものだった。そして同11月17日には五島慶太は内閣顧問に就任する。内閣顧問とは重要軍需物資の生産増強に向け政務施行を支えるべく同年3月に発足した役職で、産業経済界の適任者7名で始まった。発足時、鉄道界の人材は含まれておらず、五島は運輸逓信省の政務を支えるべく呼ばれたのだ。そして翌年2月19日には五島が運輸逓信大臣となり、東京急行電鉄の社長職から退いた。

戦局の悪化にともない、国内経済の悪化もひどくなった。ついに京王電気軌道も東京急行電鉄との合併を受け入れることになり、1944（昭和19）年5月31日に合併、その運営は同日発足した京王営業局となったのである。

当時、京王では70余両の車両を持っていたが、これはそのまま東京急行電鉄に引き継がれた。管理上、車両番号の付け替えが行なわれ、京王車両は従来の番号の頭に2を追加、すべて2000番台となった。ちなみに小田急車両は帝都線（東京急行電鉄引継ぎ時に井の頭線に改称）も含めて1000番台になっており、この番号方式が戦後の新生京王に引き継がれている。

戦時下の京王線と井の頭線

戦局が悪化、資材が枯渇していくと公共施設や民間から供出も始まった。鉄道の場合、複線の単線化、あるいは運行休止や廃止によりレール供出が多く行なわれている。

東京急行電鉄京王営業局の管轄では、御陵線の休止、多摩川原支線の単線化によってレール供出が行なわれた。ちなみに御陵線には浅川橋梁があり、この橋桁も休止中に搬出されている。ただし、この橋桁搬出は戦後に行なわれたようだ。米軍が撮影した空中写真では１９４６（昭和21）年3月までは橋桁が写っているが、１９４７（昭和22）年8月撮影時になくなっている。のちに東京急行電鉄から分離して発足した京王帝都電鉄の当時を知る関係者も撤去時は不明としている。この橋桁に関しては「供出」として活用されたのではなさそうだ。

また、太平洋戦争中、日本は国内各地で空襲を受けている。総務省の記録では東京では終戦までに１２２回もの空襲を受け、多くの被害を出した。

京王関係では１９４５（昭和20）年5月25〜26日の空襲により、桜上水車庫などで電車13両を焼失、新町（新宿〜初台間。現・廃止）、西参道、幡ヶ谷、笹塚、桜上水、八幡山など多数の駅を焼失、天神橋変電所も被災して機能焼失、さらに井の頭線では永福町車庫で電車24両を焼失するという壊滅的被害を受けた。

京王線は数日後から運行を再開したが、電力不足による電圧降下で国鉄新宿駅を跨ぐ葵橋の勾配を上れない事態が発生、甲州街道上の新町での折返し運転となった。ただし、新町折り返しでは輸送体制が悪く、国鉄などへの連絡も不便になった。そのため、東京急行電鉄では運輸逓信省と協議、線路を甲州街道から新宿駅西側、小田急線駅のわきに引き込み、新たな駅を設置することになった。用地は関東大震災後の都市計画時、国鉄新宿駅の拡張を見込んで確保されていたものだ。陸軍工兵隊の突貫工事によってホーム2面を備えた駅が完成、同年7月24日から駅名も新宿として使用されている。

これにより新駅分岐点〜京王新宿間が廃止され、合わせて新宿〜初台間にあった新町・天神橋・西参道（代々木→神宮裏→西参道と改称）、初台〜幡ヶ谷間にあった幡代（代々幡→幡ヶ谷本町→幡代と改称）も廃止、数百メートルごとに停車していた運行体制を改めている。

いっぽう、井の頭線は無傷で残った電車は2両だけという壊滅的被害を受けていた。応急処置により5両を復帰させたが需要に応じられない状況で、小田原線の車両を応援派遣することになった。

車両の移送は、小田原線世田谷代田と井の頭線代田二丁目に連絡線を仮設して行なうことになり、陸軍鉄道連隊が作業にあたった。１９４５（昭和20）年6月20日にはまず線路が完成し、車両の第一陣は人力で小田急線から井の頭線に移送された。その後、架線も張られ、電車が自力で行き来できるようにされたが、戦後の1953（昭和28）年9月30日にこの連絡線は撤去されている。

なお、小田急線から井の頭線への車両応援はそれ以前にもあった。1943（昭和18）年5月のことで、これは新宿駅から陸送によって永福町の車庫に運ばれている。この時は2両が専用台車に積載され、甲州街道や水道道路を牛に牽かせて運んだそうだ。

このほか京王線では終戦間近の1945（昭和20）年8月1日にも八王子市を狙った空襲で東八王子駅と電車1両を焼失している。

京王帝都電鉄発足

1945（昭和20）年8月15日に終戦を迎え、以後、日本ではGHQ（駐日連合軍総司令部）による政治、経済、教育などの改革が進められていく。そして1947（昭和22）年には『独占禁止』『過度経済力集中排除法』などが施行され、巨大化した企業の解体分離が推進されるようになる。集中排除法では1948（昭和23）年2月に325社が指定されたが、その対象は鉱工業がメインで、鉄道は対象外となっていた。ちなみに対象となった会社については調査検討が行なわれ、最終的に日本製鉄など11社が分割再編成されている。

こうした社会情勢の中、大東急こと東京急行電鉄の社内でも合併前の各社従業員から分離独立を求める意見が出てきた。これを受けて社内に委員会が設けられ、分離に対する具体的な検討も始まった。その協議は紆余曲折したが、最終的に東京急行電鉄から京王・小田急・京浜の各鉄道、および百貨店が分離独立することになり、１９４７（昭和22）年12月26日の株主総会で承認された。

こうして翌１９４８（昭和23）年６月１日付で、東京急行電鉄（同名新組織）、京王帝都電鉄、小田急電鉄、京浜急行電鉄、東急百貨店と再編成されている。京王帝都電鉄の場合、直前の５月29日に戦災から免れ焼け残っていた青山学院講堂で会社設立総会を開き、目黒蒲田電鉄から旧・東京急行電鉄専務取締役となっていた三宮四郎《さんのみやしろう》が初代社長に就任している。

発足当時の京王帝都電鉄の路線は、京王線新宿〜東八王子間38・１キロ、多摩川原支線調布〜京王多摩川間１・０キロ、御陵線北野〜多摩御陵前（元・御陵前）間６・４キロ、井の頭線渋谷〜吉祥寺間12・８キロの合計58・３キロだった。ただし、御陵線は戦時中に休止となっており、実質的な営業キロは合計51・９キロとされている。

井の頭線は帝都電鉄として発足し、小田急電鉄と関連の深い路線だったが、かつて京王の傘下にあった藤沢自動車（現・神奈川中央交通の一部）、東都乗合自動車、鳩ケ谷自動車（ともに現・国際興業の一部）を分離、さらに旧・東京急行電鉄時代に京王閣を売却していた状況から採算を鑑み、京王の所属となった。ここから会社名も井の頭線を開業した帝都電鉄を折り込み、「京王帝都電鉄」となったのだ。

ただし、京王線は1372ミリ軌間、直流600ボルト、井の頭線は1067ミリ軌間、直流1500ボルトとなり、車両の大きさなどの規格も異なっていた。ひとつの会社にしたといっても、両者の融通は利かず、現実的には別の鉄道をふたつ運営するようなものだった。

京王帝都電鉄発足当時の復興と改良

車両は京王線70両、井の頭線37両だったが、実際に運行できる車両はそれぞれ60両未満、35両未満で、しかも大半が老朽化した被災車だった。すでに旧・東京急行電鉄時代から車体台枠を利用して車体を新製するなど車両の復旧にとりかかっていたが、この作業を加速化させた。しかし、戦後の復員や一極集中などが急激に進み、京王線新宿～初台間では250～300パーセントもの乗車率を記録するなど、大変な混雑を呈していたのだ。

この時代、こうした混雑は国鉄やほかの私鉄でも見られたが、京王線の場合、『軌道法』で発足した事情が関わっていた。軌道という制約から13メートル級車両の２両編成で運行されており、輸送力が圧倒的に不足していたのだ。

じつは旧・東京急行電鉄時代にこの輸送力不足は露呈しており、終戦となった１９４５（昭和20）年８月15日付（実施は10月１日）で京王線全線を軌道から『地方鉄道法』管轄の鉄道に切り替えていた。法律的な制約を解き、車両増結による輸送力強化の道を拓いていた。ただし、車両増結による長編成化は単に車両だけの問題ではなく、ホームの延長、変電所の出力増強など施設面の改修も必要で、大掛かりな事業となった。

京王線では１９４９（昭和24）年９月27日から急行運転を開始しているが、当初は急行停車駅を中心に３両編成への対応化を進め、翌年には全線で３両運転ができるようになった。京王ではこの事業を「３編工」と呼んで進めたが、これが京王線近代化の礎となった。また、この年、戦時中に単線化された調布～京王多摩川間の複線復帰も果たしている。

このほか、新宿～初台間などの線路改良にも着手している。当時、この間には半径90メートルといった急カーブ、それも左右に連続するＳカーブとなっており、それが大型車両導入のネックになっていた。この改良には用地が必要だが、その用地買収がなかなかうまく進まず、大型車両の運行に差し支えない程度まで緩くするのが精一杯だった。これは1950（昭和25）年9月に竣工しているが、抜本的な改良は1964（昭和39）年6月の新宿～初台間地下化まで待つことになる。

また、新宿～初台間の一部約320メートルは甲州街道上を走る併用軌道となっていた。ここでは最高時速40キロの徐行運転が余儀なくされたが、都市整備の一環として界隈の甲州街道拡幅が行なわれ、それに合わせて道路中央に専用軌道化するといった工事も行なわれている。これは1953（昭和28）年7月に竣工している。

このほか、調布から京王多摩川に分岐する部分も急カーブとなっていたが、これは調布駅を200メートルほど新宿寄りに移設することで緩和化を果たしている。

1950（昭和25）年8月、京王帝都電鉄初の新製車両2600系が誕生した。京王線初の16メートル級車両（井の頭線では帝都電鉄時代から導入）で、片運転台方式、連結側にはやはり京王初の貫通路が付いていた。翌月には新宿～初台間の急カーブも緩和され、まずは2両編成で運行を開始、翌年4月1日からは中間車を組み込んだ3両編成で運転されるようになった。3両編成化そのものはすでに前年から行なわれているが、これは13メートル級の小型車だった。2600系の導入で、20パーセントを超える輸送力増強となり、

2700系登場時の車内　1953.3　写真：交通新聞社

混雑緩和に貢献したのである。

１９５３（昭和28）年には２６００系よりもさらに大きな17メートル級の２７００系が新製導入された。この時代、国鉄で「湘南電車」として量産の進んでいた80系では、増備車から正面2枚窓の構造を採り入れ、このデザインが全国の電車・気動車に流行していく。京王では早速この２７００系で湘南形2枚窓を採用、流行の先駆けとなった。このデザインは京王線２０００系、２０１０系、井の頭線向けの１０００系、３０００系などへ続き、この時代の京王を象徴する顔となった。

井の頭線でも応急復旧された車両の整備を進めるいっぽう、車両新製も行ない１９５０（昭和25）年4月にはデハ１７６０形が導入されている。じつは京王帝都電鉄発足直後にもデハ1750形が導入されているが、これは東芝府中工場の工員輸送に使われていた中古車だ。なお、このころ、京王線車両が2000番台、井の頭線車両が1000番台となっているのは、大東急時代の車両番号規則がそのまま使われていたからだ。井の頭線は小田急系ということで1000番台が割り振られていたのである。

なお、井の頭線では1952(昭和27)年から3両編成運転を開始している。

京王線の輸送力増強

昭和20年代後半、京王線沿線では住宅開発が進み、利用者は年8パーセントを上まわる増加率となっていた。この伸びがそのまま続くと昭和30年代早々に輸送力が限界に達してしまうことが予想された。そこで京王線輸送力増強5か年計画を立て、1956(昭和31)年4月から取り掛かっている。骨子のひとつは「4編工」こと京王線の4両編成化だった。ただし、5か年計画以前からさまざまなテコ入れが進められており、1955(昭和30)年4月29日には京王帝都電鉄初の新線として競馬場線が開業する。東府中～府中競馬場正門前間、わずか0・9キロの路線だが、競馬開催日には新宿から直通電車も運転、競馬ファンに喜ばれた。

さらに半年後の同年10月1日には大規模なダイヤ改正を実施した。2600系や2700系の増備が進み、車両の体質改善が進んだことから最高速度を時速75キロまで引き上げ、新宿～東八王子間の所要時間を59分から53分へと短縮した。すでに昭和20年代のSカーブや併用軌道の改良で所要時間は徐々に短縮していたが、旧型の小型車も混在する中での全体的なスピードアップは難しかったのだ。

この「53分」という数字には京王帝都電鉄の執念のような思いも入っている。京王線と同じく新宿～八王子間を結ぶ国電中央線の所要時間は当時54分だった。その所要時間においては大半が直線となっている国鉄が圧倒的に有利で、玉南統合以来ずっと水をあけられていたが、ついに1分短縮することができたのだ。『京王電鉄五十年史』にも「鉄道部門の士気は大いに向上した」と当時の喜びが記されている。

さらに急行の運転間隔も朝夕15分、日中20分（それまでは日中30分だった）として、利用しやすいダイヤをめざしたのだ。

5か年計画による「4編工」は順調に進み、1957（昭和32）年1月には新宿～高幡不動間で朝夕のラッシュ時に限って急行・準急4両編成運転が始まった。途中の笹塚・下高井戸・千歳烏山・金子（現・つつじヶ丘）のホーム延長工事は続行中だったが、利用者の増加は著しく、少しでも混雑緩和を進める施策だった。ホームの足らない1両分の措置について年史などに記載されていないが、おそらく該当駅では1両のみドアを締切状態にしていたと思われる。じつは井の頭線の神泉駅でも編成延長でホーム長不足が発生しており、これは締切にて対応していた覚えがある。

同年10月には２７００系と同じ車体サイズで、動力システムを最新鋭のカルダン駆動にして、電動機も大出力化した高性能電車２０００系を導入した。同じ方式で井の頭線用の１０００系も導入、スピードアップをめざした。11月には竣工の遅れていた各駅の工事も完成、急行全編成の4両化、そして増発を行なった。この設備を活かし、１９６０（昭和35）年には13メートル級小型車による5両編成の運転も行なっている。

また、5か年計画では車両の大型化に合わせて線路の重軌条化も進めた。重軌条化についてはすでに１９５２（昭和27）年から着手していたが、この計画時にさらなる進捗をはかったのだ。新宿〜桜上水間は１９５７（昭和32）年度末に完了（50キロレール化）、残りの区間も井の頭線を含めて１９５９（昭和34）年までに完了（37キロレール化）している。

新宿駅の地下化

沿線の整備が進んでいく中、ターミナルとなっている新宿界隈は大きな変化を迎えようとしていた。１９６０（昭和35）年６月、東京都は新宿駅の西側にあった淀橋浄水場を移転、その跡地を新宿副都心として再開発する計画を発表。これにより新宿西口が超高層ビル街として大きく変貌していくのだ。

京王線の新宿駅は、戦時中の空襲被害にともなう切り替えで１９４５（昭和20）年７月24日から国鉄新宿駅西側の地上部分に位置していた。現在の新宿ルミネ付近から甲州街道へと出て、甲州街道を西進していく。当初は路面電車そのものの併用軌道だったが、先述のように１９５３（昭和28）年７月からは甲州街道の中央部を３２０メートルほど専用軌道として走行、文化服装学院（現・文化学園大学）付近から玉川上水沿いの専用軌道へと入っていく線形だった。

甲州街道中央部の専用軌道となったのちも、新宿ルミネ付近や文化服装学院付近では甲州街道をカーブ、あるいは斜めに横断するかたちで、甲州街道上を４〜５両編成の電車が走る姿は異様だった。

京王帝都電鉄も東京都の都市計画と前後して、独自に新宿駅および新宿〜初台間を地下化、甲州街道を走るという問題を解消するとともにターミナルの近代化を計画した。新宿駅は地上8階、地下2階の駅ビルとして、電車はその地下に発着する構想だった。これは1956（昭和31）年に免許申請が出され、1959（昭和34）年11月に着工している。

当時、京王線の新宿駅では1日24万人もの乗降客があり、その輸送を確保した状態での工事は困難を極めた。

実はこの1959（昭和34）年5月に開催された第55次IOC総会で1964（昭和39）年の東京オリンピック開催が決定しており、これも京王にとってひとつの追い風となったようだ。東京オリンピック開催に向けてさまざまな準備が進められていく中、マラソン競技のコースが甲州街道で行なわれ、新宿駅界隈では京王線がコースと交差することになった。毎年1月に行なわれる通称「箱根駅伝」で箱根登山鉄道の電車が選手通過のために停車することは有名だが、東京オリンピックとなれば京王線も電車の運行を見合わせる事態が発生する。その対応には困難が予想された。かくしてこの区間の地下化は東京オリンピック前の完成が目標となった。

新宿～初台間地下化の工事を進めている段階で、東京都による新宿副都心計画も形を整えていった。新宿駅西口広場の詳細もまとまり、ここに接続する京王線の新宿地下駅工事

新宿地下駅使用開始　1963.4.1　写真：交通新聞社

も1961（昭和36）年5月に着工となった。

新宿駅の地下化は、地上にあった4本の線路とホームを地下から鉄骨で借り受けして掘削していく工法で、掘り出した土砂は大型トラック5万台に達した。当時の営業運転継続中の鉄道土木工事では前例を見ない大がかりなものとなった。電車は鉄骨の上に敷かれた架設線路を最徐行で通行していたが、私も眼下に広がる闇の世界に驚愕した記憶が鮮明に残っている。

この時代、首都圏各地で東京オリンピック関連工事が進められており、京王は資材不足や人材不足にも悩まされたが、1963（昭和38）年4月1日には新宿駅および同駅からおよそ900メートル区間の地下線が完成、ここを先行開業した。

駅ビルの工事はまだ進められていたが、新しい新宿駅はホーム長も長くなり、京王線ではこの時から5両編成の運転も開始、同年中に6両運転と拡張している。また、この先行開業で京王線の甲州街道走行はなくなった。

この時の京王線は文化服装学院付近で地上に出ていたが、この先で交差する西参道や環状6号線（山手通り）は東京オリンピック関連道路として整備が進められることになった。こうした事情から交差部については道路管理者の東京都と京王が共同で工事を進めることになり、ここは1962（昭和37）年10月着工となっている。

新宿～初台間地下線開通　初台駅付近　1964.6.8
写真：交通新聞社

新宿ターミナルビル完成　1964.11.1　写真：交通新聞社

こうして東京オリンピックが開催される1964（昭和39）年の6月7日に地下化工事は初台駅の先まで完成、新宿〜初台間の約2キロの地下化が完了した。これにより約10カ所の踏切がなくなり、運行上のネックとなっていた途中のSカーブも解消した。

京王ではこうした京王線の改良竣工を踏まえ、東京オリンピック会期中の1964（昭和39）年10月19日にダイヤ改正を実施、最高速度を時速85キロから90キロにアップ、新宿〜京王八王子間の所要時間を37分とした。同区間は37・9キロで、京王にとっては長年の目標だった「1キロ1分」を達成したのである。そして新宿駅ビルは東京オリンピックと東京パラリンピックの狭間となる同年11月1日に完成、駅に直結するデパートとして京王百貨店が開店となった。

京王にとって東京オリンピックが開催された１９６４（昭和39）年は、さまざまな大型事業が完了する大きな節目の年となったのである。

なお、東京オリンピックのマラソン競技は、大会終盤の10月21日に行なわれた。国立競技場をスタート、新宿東口から甲州街道に入り、前年まで電車が走っていたところを走り抜け、調布市の飛田給付近（現・味の素スタジアム付近）で折り返して国立競技場に戻る42・１９５キロのコースで行なわれている。大会前の１９６４（昭和39）年４月21日、同一コースでオリンピックの最終選考会となる毎日マラソンが開催された。京王にとっての工事デッドラインは東京オリンピック本番の10月ではなく、この最終選考会に間に合わせる必要があったのだ。

なお、この新宿～初台間地下化という大事業と前後して、１９６２（昭和37）年12月30日から井の頭線に新型車両３０００系を導入、これにより同線で４両運転を開始した。

また、１９６３（昭和38）年８月４日には京王線を６００ボルトから１５００ボルトに昇圧、同時に新型車両５０００系を導入した。同年10月１日から新宿～東八王子間で５０００系による特急運転が始まり、10月16日からは６両運転も開始した。12月11日には

多摩動物公園線開業出発式　高幡不動駅　1964.4.28　写真：交通新聞社

東八王子を200メートルほど移転して京王八王子と改称している。

さらに1964（昭和39）年4月21日には多摩川橋梁がネックとなり単線で運行されていた中河原〜聖蹟桜ヶ丘間を複線化、4月29日には高幡不動〜多摩動物公園間2・0キロの動物園線を開業、11月1日には新宿駅ビル（京王ビル）も完成して、先述のように駅に直結するデパートとして京王百貨店が開店しており、京王帝都電鉄のさまざまな事業が一挙に完成した躍進の時代となったのだ。

井の頭線の改良

京王線の改良と前後して井の頭線の改良も行なわれた。井の頭線の場合、帝都電鉄として開業する際、線形などは高速鉄道として設計されていたが、資金難から中古レールを使い、変電所も1か所しかなかった。

京王線の線路重軌条化を始めた1952（昭和27）年ごろから、井の頭線でも30キロレールから37キロレールへと重軌条化が行なわれた。さらに変電所の増設や各駅ホームの延長も行なわれ、同年6月からは全線で3両編成の運転が可能になった。ただし、神泉駅のホームは神泉トンネル内にあり、ホーム延長は簡単ではなかった。そこで当初は2両編成のみ停車、3両編成は通過の扱いとし、1955（昭和30）年の全列車3両編成化時から吉祥寺側1両のドアを締切扱いとして、渋谷側2両のみで乗降するかたちとしている。

この時代、井の頭線の延伸などその周辺で新線の計画がいくつか模索されている。例えば久我山駅付近で分岐し、中央線の三鷹駅、あるいはその先の田無や東久留米まで結ぶ。または吉祥寺駅から田無方面に延伸する。さらには新宿を起点として富士見ヶ丘駅を経由して、国立方面に連絡するなどの計画が立案されている。計画変更を重ねながら免許申請も行なわれたが、いずれも具体化しないまま、免許を取り下げている。

免許取り下げに至った経緯は、相模原線などの建設を優先したとする説もあるが、三鷹駅北方の中島飛行機武蔵野工場跡地に計画された「東京グリーンパーク」構想のアクセスを狙ったものの、構想の中枢として完成した「グリーンパーク野球場」がわずか1シーズンで閉鎖されてしまい、アクセス線としての魅力がなくなったことも原因のひとつと思われる。しかし、計画された沿線はその後、急速に宅地化が進んでおり、もし実現していたら京王を支える重要な路線となっていたに違いない。

3両運転による井の頭線。この日、東京に大雪が降った
明大前付近　1954.1.24　写真：交通新聞社

先述のように井の頭線では1955（昭和30）年の3両編成化で輸送力を向上させたが、その利用はうなぎのぼりで、特に渋谷駅の混雑はひどかった。そこで4両編成化をめざして渋谷駅の改良を合わせた駅ビル化が計画され、1958（昭和33）年から工事に着手した。

井の頭線のホームは行き止まり式の3面3線となっていたが、これを2面2線に切り替え、ホームの長さを伸ばした。

昭和37年度ローレル賞の授賞式　渋谷駅　1964.1.25　写真：交通新聞社

ホームや駅ビルは１９６０（昭和35）年４月に竣工、国鉄山手線・地下鉄銀座線・東急東横線・玉川線への連絡にも便利な構造となり、ターミナルにふさわしい姿になった。また、下北沢駅や吉祥寺駅などでもホーム延伸などの改良工事が行なわれ、同年11月から４両編成での運転が始まった。

　さらに井の頭線では新たな車両導入が計画され、１９６２（昭和37）年12月30日から３０００系として運転を開始した。

　この時代、日本の鉄道ではステンレス車両の模索が始まっていた。当初は技術的な制約から骨組みや台枠は普通鋼、車体外板のみステンレス鋼としていたが、この年の１月には東京急行電鉄で日本初のオールステンレス車両が導入された。これはアメリカの技術提携を受けた東急車輛製造によるもので、井の頭線に導入された３０００系も同社によるオールステンレスで製造された。この時、南海電気鉄道向けの車両も製造されており、こちらは12月25日から営業運転を開始している。わずか5日遅れで日本3例目となってしまったが、もちろん京王帝都電鉄では初のオールステンレス車両で、これが今日の車両構成につながる礎ともなったのである。

また、３０００系の正面デザインは、この時代の京王帝都電鉄を印象付けていた２０００系や１０００系などと同じく湘南形2枚窓とされた。ただし、こうした曲面構造をステンレスでつくることは当時難しく、この部分はＦＲＰ製としている。

さらにこの部分は別材となるため、色調も自由に設定できるものだった。京王ではその特徴を活かし、第1編成はブルーグリーンとしたが、第2編成はアイボリーホワイト、第3編成はサーモンピンクと編成ごとに変えていった。この時代、同一形式の車両は同一色というのが常識で、３０００系の個々に異なるデザインは大きな衝撃だった。最終的にライトグリーン、バイオレット、ベージュ、ライトブルーも加わり7色となり、そのころから「レインボーカラー」というキャッチフレーズも使われるようになった。

この３０００系の増備によって井の頭線の4両編成化は急速に進み、東京オリンピックが開催され、新宿の京王百貨店なども開店した1964（昭和39）年の12月29日からは全列車が4両編成で運行されるようになった。なお、3000系のテーマカラーとして7色使われたのは、京王百貨店ではフロアごとにテーマカラーを設定しており、これも「レインボーカラー」としていた。これと連携する動きだったのかも知れない。

高尾線の開業

新宿〜初台間の地下化が完成する4日前の1964（昭和39）年6月3日、京王は新たな路線の免許を得た。北野〜高尾〜高尾山口間8・6キロと京王多摩川〜読売ランド前〜稲城中央間4・8キロの路線である。昭和40年代の京王にとってエポックとなる高尾線と相模原線の計画である。

まず高尾線の建設に取り掛かり、1966（昭和41）年3月1日に着工する。北野〜高尾間は複線、高尾〜高尾山口間は単線で、ここには京王初の山岳トンネルが2本もある。高尾線の北野〜山田間はかつての御陵線跡を活用したこともあって、1967（昭和42）年10月1日には全線を一気に開通した。

高尾線では、新宿〜高尾山口間に直通特急を20分間隔で運行、その間に北野〜高尾山口

高尾線開通式　北野駅　1967.9.30　写真：交通新聞社

間の全駅に停車する普通も組み込んでいる。直通特急は新宿～高幡不動間で京王八王子行き編成と併結運転するスタイルだった。
高尾線開通後1か月間で高尾地区を訪れた行楽客はおよそ20万人を数え、以後、京王にとって欠かせない沿線行楽地のひとつとなった。そして同年暮れから高尾山薬王院などへの初詣輸送も実施。大みそかには新宿～高尾山口間の終夜運転も実施し、ここでは特急「迎光号」としてヘッドマークを掲げた運行も行なわれている。
高尾線は高尾山への行楽客を運ぶ目的もあったが、めじろ台駅周辺では京王が住宅地を造成、不動産部門でも大きな成果を上げる。この販売告知の中でも高尾線の新設が謳われ、行楽客誘致にも役立ったといわれている。ちなみに京王めじろ台住宅の分譲販売開始は高尾線の開業日とされた。

なお、高尾線開通の翌1968（昭和43）年5月11日、京王初の冷房を搭載した5000系が入線。さらに翌年2月25日には井の頭線にも冷房を搭載した3000系が入線している。いまでこそ冷房搭載は当たり前だが、当時は新幹線や国鉄特急を除くと冷房を備えた車両は少なく、京王帝都電鉄のそれは

冷房を搭載した5000系　新宿駅　1972.5.17
写真：交通新聞社

先進的なサービスだった。

ちなみに京王線系統では1992（平成4）年、井の頭線では1984（昭和59）年に完全冷房車化が完了している。なお、京王線に冷房車が登場した1968（昭和43）年から同線では7両編成の運転も始まっている。

多摩ニュータウンへ　相模原線の開業

現在、京王電鉄の基幹路線のひとつとなっている相模原線は、八王子・町田・多摩・稲城の4市にまたがって建設された「多摩ニュータウン」の足として計画された路線だ。

多摩ニュータウンは1963（昭和38）年7月に公布された『新住宅市街地開発法』に基づき計画区域が定められ、事業計画が練られていった。1966（昭和41）年には事業内容が確定し、同年末から建設が始まっている。また、具体的な事業へと進む前、沿線の3市4町は1958（昭和33）年に京王帝都新路線建設促進委員会を結成、相模原線となる新線構想への働きかけを始めていた。

一方、新住宅市街地開発法によるニュータウンは、自治体など公共団体が施行者として開発するものと規定されており、民間による不動産開発は認められなかった。多摩ニュータウンの場合、東京都・日本住宅公団（現・都市再生機構）・東京都住宅供給公社が施行者となって事業が進められた。こうしたことから沿線各地で不動産事業の展開を行なっていた京王帝都電鉄にとってはうまみが少なく、当初は新線構想に消極的だったともいわれている。

ただし、京王帝都電鉄では地域社会に貢献する公共性という会社方針、さらに多摩ニュータウンの先にある津久井湖方面への観光開発なども鑑み、昭和30年代後半には相模原線構想を具体化する方向で動き始めた。そして先述の高尾線免許申請と同じく1964（昭和39）年6月3日、まず京王多摩川～稲城中央間4・8キロの免許を取得、1966（昭和41）年7月13日には稲城中央（開業時は稲城）～相模中野間24・0キロの免許も得ている。

ちなみに多摩ニュータウンへのアクセスを担う鉄道としては、京王帝都電鉄のほか、小田急電鉄、西武鉄道も名乗りを上げ、それぞれ免許を取得している。小田急電鉄の場合、小田原線の新百合ヶ丘駅から分岐する多摩線として1974（昭和49）年に開業、その後、延伸を続け、現在は唐木田駅まで達している。西武鉄道の場合、国鉄中央線の武蔵境駅を起点とする多摩川線を延伸させる計画だったが、慢性的な混雑を示していた中央線に輸送力の余力がないと判断され、免許を取り下げた経緯がある。

京王多摩川〜京王よみうりランド間開通　1971.3.31
写真：交通新聞社

京王帝都電鉄では、１９６６（昭和41）年10月に相模原線の第１期建設区間として京王多摩川〜読売ランド前（開業時は京王よみうりランド）間を着工した。そしてその2か月後、多摩ニュータウンの建設も始まった。

相模原線は単に「支線」とも呼ばれていた調布駅から分岐する路線を延伸するもので、第１期建設区間開業時に「相模原線」と命名されている。

相模原線は、道路とすべて立体交差で踏切皆無（京王多摩川以遠の新規建設区間。既設区間に残っていた踏切は２０１２年／平成24年の調布駅地下化時に解消）、各駅のホームも７両対応だが、将来的には10両まで延伸可能なゆとりを持っていた。さらに軌道はロングレールやスラブ軌道を採用するなど新技術を投入、新時代の鉄道に相応しい設計となっている。

ただし、京王多摩川〜京王稲田堤間では多摩川を渡らねばならず、ここでは345メートルの多摩川橋梁が架けられている。第1期建設区間ではこれが最大の工事で、この架橋に向けて京王多摩川駅付近は1968（昭和43）年に高架化された。こうして1971（昭和46）年4月1日には京王多摩川〜京王よみうりランド間2・7キロが開通、同日から調布〜京王よみうりランド間が「相模原線」となった。

多摩ニュータウンの開発は、当初順調に進み、相模原線の開業となった同年から第1期の入居が始まった。しかし、当初、相模原線の終点となった京王よみうりランド駅はニュータウンのはるか手前で、アクセスには寄与しない。さらに小田急電鉄の多摩線も開業には至っていなかった。結局、鉄道での直接アクセスはできず、当時は〝陸の孤島〟とまで呼ばれたこともある。そこで開発主体となる日本住宅公団（現・都市再生機構）などは、京王帝都電鉄などに対して入居者が10万人を超える1974（昭和49）年には多摩ニュータウンまで開通させるよう要望してきた。

しかし、京王帝都電鉄や小田急電鉄にとって自らの資金によって、さらに短期間で新線建設を進めるのは困難だった。そこで新幹線などの国鉄新線を建設するために設置された特殊法人・日本鉄道建設公団の力を借りることになった。まず１９７２（昭和47）年に日本鉄道建設公団法を改正、その扱いを民営鉄道にも広げるという新たな判断を加えた。ただし、すべての民営鉄道ではなく、東京・名古屋・大阪の民営鉄道で行なう新線建設・大規模改良工事に限定された。これにより相模原線の建設は日本鉄道建設公団が行なうことになったのだ。

実務としては日本鉄道建設公団が資金調達・建設を担当、工事そのものは日本鉄道建設公団から委託を受けた京王帝都電鉄などが行ない、完成後は京王帝都電鉄などの事業主体に譲渡、25年間で返済するというもので、一般に「鉄建公団方式」とも呼ばれている。京王帝都電鉄は、小田急電鉄と共にその最初の事例として契約が結ばれた。

こうして日本鉄道建設公団は、１９７２（昭和47）年10月に相模原線の第2期建設区間だった京王よみうりランド～京王多摩センター間を着工した。工事中、オイルショックによる資材不足などにも見舞われたが、１９７４（昭和49）年10月18日に同区間9・8キロが開業した。これにより多摩ニュータウンの玄関口まで鉄道アクセスが完成したのだ。

その後、小田急電鉄も１９７５（昭和50）年に多摩線を小田急多摩センター駅まで延伸させ、陸の孤島の汚名は消えたが、皮肉なことに多摩ニュータウンそのものの開発が遅れ、当時の人口は3万人ほどだった。計画人口の3分の1以下で、両社とも旅客収入が低迷することになった。

こうした事情もあり、京王帝都電鉄では京王多摩センター駅から先の延伸工事を見合わせていたが、1983（昭和58）年には多摩ニュータウンの開発が西進、南大沢エリアでの入居が始まることになった。このエリアへは、京王多摩センター駅からバス利用となったが、南大沢では団地を主体とした街づくりが進められたこともあり、輸送需要が高かった。輸送力の限界も懸念され、再び〝陸の孤島〟の危機が迫ったのである。

これに対応すべく1982（昭和57）年12月に京王多摩センター～橋本間を着工した。工事は急ピッチで進められ、1988（昭和63）年5月21日に京王多摩センター～南大沢間4・5キロを開業、1990（平成2）年3月30日には橋本まで開業、調布～橋本間22・6キロが全通した。なお、京王帝都電鉄が取得した免許では橋本から先、津久井湖畔の相模中野までとなっていたが、経済情勢の変化などもあって計画を断念、橋本開業前の1988（昭和63）年に橋本～相模中野間の免許を返上している。

京王相模原線橋本駅　1991.2.20　写真：交通新聞社

東京の中心部へ　京王のめざした夢

京王帝都電鉄は、東京西部にネットワークを広げてきたが、じつは新宿から東に向かう計画も持っていた。

開業当初の京王電気軌道時代、軌間を１３７２ミリとした時点でそうした志もあったと思われる。先述のように当時の首脳陣が「路面電車の一般的な軌間と考えていた」ことも考えられるが、やはり東京市電のち東京都電との「将来的な乗り入れを考えていた」と見てもいいと思う。当時は砂利などの貨物輸送でのみ貢献し、旅客輸送は乗り換えの利便性をはかるだけに留まった。

戦後、京王帝都電鉄が発足した時代、山手線内の鉄道は国鉄の中央本線と総武本線そして地下鉄銀座線だけで、ほかの公共交通は路面電車とバスだけだった。昭和20年代後半になって地下鉄丸ノ内線も着工しているが、1954（昭和29）年に池袋〜御茶ノ水間がようやく開業したところだった。全般的に輸送力が足らず混雑を極め、また郊外から都心に向かうには乗り換えを余儀なくされ、私鉄各社はここに商機を見出すのである。

東武鉄道は新橋まで、東京急行電鉄は東京駅と新宿まで、京浜急行電鉄と小田急電鉄は東京駅まで、京成電鉄は有楽町までと相次いで延伸を申請している。そして京王帝都電鉄も新宿〜両国間11・2キロの両国線、途中の神楽坂で分岐して上野に向かう3・8キロの上野線を申請している。なお、都心に向けたものではないが、先述のように新宿〜富士見ケ丘〜西国立間、富士見ケ丘〜三鷹間の路線も申請している。

こうした状況の中、国家的に都市部の公共交通を長期的に計画していくことが必要とされ、1955（昭和30）年、運輸省に「都市交通審議会」が設置される。審議会は都心部に帝都高速度交通営団（現・東京地下鉄）および東京都による地下鉄網を設置、国鉄や私鉄と直通運転させる方針を立てる。京王帝都電鉄は両国線や上野線の申請を取り下げ、審議会の具体的計画を待つことにした。なお、ほかの私鉄各社も同様に申請を取り下げている。

その後、都市交通審議会の答申で、京王帝都電鉄に関係する事案としては1962（昭和37）年に芦花公園〜方南町〜新宿〜上野〜両国〜麻布間を結ぶ９号線案が出された。このうち、芦花公園〜新宿間が京王帝都電鉄の担当となる。しかし、京王帝都電鉄にとって新線建設では負担が大きく、メリットも少ない。そこで京王帝都電鉄から芦花公園〜初台間は京王線を線増、初台〜新宿間は地下別線という芦花公園〜新宿間の複々線化案を出したところ、１９６４（昭和39）年にこの提案に沿った形で修正答申が出された。

その後、１９６８（昭和43）年には計画路線の再編成が行なわれ、９号線計画を基に芦花公園〜住吉町間20・５キロと修正、これを緊急整備路線の10号線として答申された。翌年には芦花公園を調布に変更、さらに１９７２（昭和47）年には東は住吉町から東大島、本八幡を経て千葉ニュータウンまで、西は調布、多摩ニュータウンを経て橋本までという90キロを超える長大路線に変更された。

この10号線計画のうち、京王帝都電鉄が関わるのは新宿〜調布間の複々線化、建設途上にあった相模原線の延伸となった。相模原線の建設については先述しているが、「鉄建公団方式」で工事の進捗をはかったのは、こうした都市交通審議会の答申もあったのだ。

10号線計画　都営新宿線との直通運転

10号線計画は、東京を横断して東西を結ぶもので、京王帝都電鉄の電車は京王線と相模原線を直通運転するだけでなく、新宿駅からさらに千葉側へと直通運転することになる。新宿駅から千葉側は都営地下鉄が新宿線として運営することになり、両線で施設の共通化も問題となった。都営地下鉄の軌間は、それぞれの歴史的事情から浅草線が1435ミリ、三田線が1067ミリとなっており、東京都は新宿線に1435ミリを主張した。じつは都営浅草線と京成電鉄が直通運転する際、京成電鉄が1372ミリから1435ミリに改軌しているのだ。これはやはり都営浅草線と直通運転する京浜急行電鉄が1435ミリだったこともあり、総合的に判断されたものだった。

京王帝都電鉄は東京都の1435ミリ提案に対して、技術的には可能だが、工事期間中の代行輸送が困難との理由で現行の1372ミリを主張する。最終的に運輸省の調停が入り、都営新宿線は1372ミリで建設することになった。

京王線新宿～笹塚間の複線化は、10号線計画決定前の9号線計画時点で動き出し、1966（昭和41）年11月に工事の計画申請が出されている。当時、新宿～初台間はすでに複線にて地下化されており、複々線化は新宿～初台間に新たな地下複線を建設、初台～

笹塚間は高架複々線とする計画だった。しかし、沿線住民から地下化が要望され、最終的に新宿〜笹塚間は地下化、笹塚駅から高架複々線とするかたちになった。

さらに１９６８（昭和43）年に10号線計画が確定する。京王帝都電鉄ではこの新宿〜笹塚間の修正案に合わせて10号線計画による新宿〜調布間の複々線化も合わせて申請、１９６９（昭和44）年12月12日に認可を得ている。なお、新宿〜笹塚間は１９８３（昭和58）年までの竣工期限が設定されたが、笹塚〜調布間については期限設定がなされていない。これが現在進行している高架化事業へと続いているのだ。

こうして概要が決まった新宿〜笹塚間の複々線化だが、さらに調整しなければならない問題があった。

ひとつは都営新宿線と共用する新宿駅の位置だった。実は１９７１（昭和46）年に着工した上越新幹線は、新宿駅を東京側のターミナルとして計画していたのだ。ただし、当分の間は東北新幹線東京〜大宮間の共用で十分と判断され、新宿〜大宮間の工事は見合わせとされた状況だった。とはいえ、新宿駅では計画された新幹線ホームの余地を残しておかねばならない。新幹線ホームは在来線ホームに並行した地下ホームとされていた。10号線が新宿駅の地下を東西に抜ける際、その位置は新幹線ホームよりさらに深い位置としなければならなかったのだ。こうした制約により10号線新宿駅は地下30メートルという深い位置に設置されることになった。

また、新宿付近の甲州街道では首都高速道路4号線の建設が進み、合わせて甲州街道の拡幅も行なわれていた。10号線となる新線は甲州街道の地下に建設することになり、その調整も必要だったのである。

1972（昭和47）年5月、新宿～笹塚間を複々線化、新宿駅では都営新宿線と直通させる工事に着手した。翌年10月には相模原線の第2期建設区間でも工事が始まり、京王帝都電鉄としては大規模工事が東西で並行して進められたことになる。新宿～笹塚間の複々線化については当初自社で行なっていたが、この時代、地下鉄建設は1キロあたり50～60億円の費用がかかる。こうした状況からこの工事も1972（昭和47）年6月から日本鉄道建設公団の担当へと切り替えられた。

甲州街道下の新線は地上から掘り進む開削工法で建設されたが、交通量の多い甲州街道で、しかも地下5階に相当する深さでの工事は困難を極めた。また、首都高速道路4号線との関連区間では首都高速道路公団に委託するなど、かつてない複雑な工事となっている。

1978（昭和53）年10月31日に10号線となる地下新線が開通、新宿～笹塚間の複々線

新線新宿駅開業式　1978.10.30　写真：交通新聞社

化が完成した。この日から従来線の途中にあった初台・幡ヶ谷の２駅は新線側に設置され、従来の駅は新線開業とともに使用停止となっている。なお、線路の名称はともに「京王線」だが、新宿駅の位置が異なるため、案内としては地下新線を「京王新線」、京王新線の新宿駅は「新線新宿駅」と呼んでいる。

こうして京王新線は開通したが、都営新宿線の開通が遅れ、暫くは新宿〜笹塚間を折り返す運転が続けられた。

１９８０（昭和55）年３月16日には都営新宿線が新宿駅まで開業、同日から京王との相互直通運転が始まったのである。

都営新宿線開通式　市ヶ谷駅　1980.3.15　写真：交通新聞社

輸送力増強の試み

京王帝都電鉄の京王線系統では、こうして都営新宿線との相互直通運転が始まり、さらに多摩ニュータウンのアクセスを担う相模原線の延伸が続いていた。京王線系統の輸送人員は高尾線開業時の1967（昭和42）年時で1日平均60万人を初めて超えたが、都営新宿線との相互直通運転が始まった1980（昭和55）年時は1日平均90万人とおよそ1・5倍に増加していた。この間の車両走行キロはおよそ2倍となっており、需要に対して相応の輸送力を伸ばしていたことになる。

一方、10号線計画にあった笹塚〜調布間の複々線化は、用地取得などの問題もあり、早期建設は難しいと判断された。そこで「輸送力増強に関するプロジェクトチーム」が設置され、複々線化に拠らぬ輸送力増強の検討が進められた。ここでは今後15年間にわたる人口増加の予測を立てて必要な輸送力を割り出し、その対応策を練ったのである。最終的に京王線では10両編成まで長編成化することで対処できるという判断が下された。

京王線では新宿駅地下化が完成した１９６３（昭和38）年から一部で６両編成の運転を開始、１９６８（昭和43）年には一部で７両編成も登場した。この長編成化に向けてホームの延長が行なわれているが、これは将来を見込んで８両編成対応で実施されている。

この時代の主力車両は５０００系だったが、１９７２（昭和47）年には都営地下鉄との相互直通運転に向けて６０００系が開発された。５０００系の車体長は18メートルだったが、この６０００系は京王線初の20メートルとされた。車体長が延びることで輸送力増強が期待できたが、ここでも再びホーム長が問題となった。

相模原線は20メートル車10両編成対応で建設されていたが、京王線では各駅のさらなるホーム延長が必要となったのだ。そこで新宿、明大前、聖蹟桜ヶ丘、高幡不動など急行系統停車駅のホームから延長工事をはじめ、１９７５（昭和50）年10月からラッシュ時の通勤急行・通勤快速などで６０００系8両編成の運行を開始した。

この時のホーム延長で苦労したのは新宿駅だった。地下駅という構造上、終端部の延長はできない。そのため、京王八王子側にホームを伸ばすことになるが、その用地を確保するため、4線あった線路を3線としている。それでも6000系8両編成が発着できるのは3番線限定となった。新宿地下駅完成時は4列車が同時に停車できるゆとりある構造だったが、予想を超えた需要拡大から発着番線を減らすことになり、しかも入線できる編成の制約が出てしまった。この時代、ダイヤの作成から運用まで苦労が多かったという。

京王帝都電鉄ではプロジェクトチームの判断をもとに最終的に20メートル車10両編成の運転をめざしていた。それに合わせたホーム延長が必要だったが、駅周辺はどこも開発が進んで用地の確保は難しく、さらにホームの両端が踏切となるところも多かった。京王線の改革にとって大きな壁となり、事業遂行に多大な苦労がともなったのである。

そして、ここでも対応に苦慮させられたのは新宿駅だった。先述のように1975（昭和50）年から3線として3番線を20メートル車8両編成対応としていたが、今回はすべての番線で10両編成対応としなければならなかった。そこで駅入り口のレールの分岐を京王八王子寄りに大きく移設、そして4面あったホームを3面に減らすことでスペースを生み出し、1～3番線の20メートル車10両編成対応化をめざした。

まさに錬金術のような手法だが、その工事にはさらなる問題があった。新宿駅を出発、分岐を超えると本線はすぐに最大35パーミルの上り勾配となる。こうした急勾配区間での分岐設置は望ましくないが、分岐を京王八王子寄りに移動するとこの急勾配区間に入ってしまうのだ。そこで新宿駅付近の勾配を調整、本線の途上に分岐設置に支障のない緩和勾配区間を設け、ここに分岐を設置したのである。地下線内の勾配調整は大変な工事となり、１９７９（昭和54）年４月の着工から３年余りの月日を要し、１９８２（昭和57）年10月に完成している。

こうして新宿駅工事の完了を受けて翌月にダイヤ改正を実施、この時から京王線の新宿～高幡不動間で20メートル車10両編成の運転を開始している。なお、建設時から10両対応となっていた京王新線と相模原線を使い、京王多摩センター～都営新宿線岩本町間では前年９月から20メートル車10両編成の運転を実施している。

当初、こうした長編成の運転は急行系列車に限定されていたが、１９８５（昭和60）年には新宿～つつじヶ丘間で普通列車も８両編成化、さらに１９８７（昭和62）年からは全線で８両編成の運転ができるようになった。

また、京王八王子駅では８両編成対応となったものの、当時の施設ではそれが限界だった。そのため、10両編成で運行されていた急行系列車は高幡不動駅で2両の分割併合を行なうことで対応していた。1986（昭和61）年には京王八王子駅の地下化と10両編成対応工事が始まり、1989（平成元）年4月に完成、新宿〜京王八王子間を通して10両編成での運転ができるようになった。なお、高幡不動駅で行なっていた分割併合の作業がなくなったことで、急行系列車の新宿〜京王八王子間の所要時間も3分短縮されている。

京王線系統では相模原線の開業などもあって需要が大きく伸びたが、こうした傾向は井の頭線でも同様だった。京王線同様、1967（昭和42）年時と1980（昭和55）年時で比較すると1日平均39万人から51万人とおよそ1・3倍に増加している。一方、車両走行キロはおよそ1・5倍となっており、井の頭線でも需要に対して相応の輸送力を伸ばしていたことになる。

井の頭線では1962（昭和37）年から導入を開始した3000系の増備を進めると共に1971（昭和46）年から4両→5両編成の長編成化を実施している。ここでは京王線同様、ホームの延長も実施されている。さらに同年12月からは急行運転も開始して輸送力向上に努めた。こうして1984（昭和59）年にはすべての列車が3000系5両編成での運転となった。さらに富士見ヶ丘駅の線形改良で富士見ヶ丘折り返し列車を増発、

１９８７（昭和62）年からは朝ラッシュのピーク時、１時間28本運転も開始したが、線路容量からはこれが限界となった。

井の頭線でさらなる輸送力の拡大は車両の大型化しかなく、18・5メートル長だった３０００系に対し、20メートル長の１０００系を導入することになった。ここでもホームの延長などが必要で、その対象は全17駅のうち11駅におよんだ。このうち、特に難関となったのは渋谷駅と神泉駅だった。

渋谷駅は１９６０（昭和35）年に駅ビルと合わせて構築されていたが、需要が大きく増えたことから抜本的な改革が必要とされた。さらに井の頭線に隣接する東急バス専用道（旧・玉川線の渋谷駅跡）、営団地下鉄銀座線の車両基地も合わせた総合的な再開発で駅ビルはホテルや商業施設などに改築されることとなり、それらの調整も必要だった。

井の頭線の渋谷駅としては１９９４（平成６）年４月に工事を開始、１９９６（平成８）年には仮ホームで20メートル車５両編成の発着が可能になった。そこですでに富士見ヶ丘車両基地に導入されて準備が進められていた１０００系が、同年１月９日から営業運転を開始した。なお、渋谷駅の駅施設の完成は１９９７（平成９）年12月となっている。

また、神泉駅は神泉トンネルに隣接、ホームの一部はトンネル内に設置される構造だった。３０００系５両編成運転が行なわれていた時点でホーム長は３両分しかなく、吉祥寺側２両のドア締切扱いで対応していた。１０００系の導入に向けて、５両に対応するようにトンネル内のホームを延長したが、トンネル上の一般家屋などに影響を出さぬように工事は慎重に進められた。この工事は１９９５（平成７）年９月に完成、36年間にわたって続けられてきたドア締切扱いがなくなった。

こうした京王線の長編成化工事と井の頭線の車両大型化工事は、ラッシュ時の混雑を解消する輸送力増強事業だった。京王帝都電鉄がこれらの事業に取り組んでいた１９８５（昭和60）年に運輸政策審議会から東京圏の混雑率を１８０パーセント以下に抑える指針が答申され、翌年には運輸省でこうした整備事業を支える「特定都市鉄道整備積立金制度」が制定された。これは10年間にわたり通常の運賃に積立金を上乗せ、これを工事費として充当させ、工事完了後には10年間にわたって利用者に還元していくというものだ。京王帝都電鉄の京王線および井の頭線の工事はこの制度に認定され、１９８８（昭和63）年から運賃に6パーセント上乗せしている。

こうして追い風も受けた大事業は、渋谷駅の竣工で１９９７（平成９）年12月に10年間の期間内で完了となった。京王帝都電鉄では同年12月28日に運賃改定を実施した。これは上乗せ分の還元ではあるが、積立金の余剰還元分もあり平均9・1パーセントの引き下げとなった。大手私鉄では戦後初の引き下げで、大きな話題となったのだ。

笹塚～仙川間の連続立体化事業

京王線では1964（昭和39）年6月の新宿～初台間を皮切りとして沿線各地で連続立体交差化を進めてきた。この連続立体交差とは2か所以上の都市計画道路と鉄道を連続的に立体化するものだ。踏切を解消することで道路交通の円滑化や運転保安度の向上もはかれるという視点から、事業は都道府県等が主体となって「ガソリン税・自動車重量税」を財源として行なわれる。

1970（昭和45）年7月に八幡山付近、1983（昭和58）年7月には初台～笹塚間、1993（平成5）年3月に府中駅付近および長沼・北野駅付近が完成、今世紀では2012（平成24）年8月に調布駅付近（柴崎～調布～西調布・京王多摩川間）の地下化を完成、これにより1955（昭和30）年度に全線で322か所あった踏切は136か所にまで削減されている。

また、これらの工事では駅の改良も合わせて実施されている。特に府中駅では過去のホーム延長工事の際、用地の制約から下り待避線を撤去して3線としていたが、これを上下線とも待避線を設けた4線に戻した。また、北野駅でも3線から上下待避線を設けた4線としている。これによりダイヤ設定の苦労も大きく軽減されることになった。この北野駅では高尾線が分岐するため、通常運行を行ないながらの線路配線変更は大変で、ここでは完成まで都合5回にわたる線路切り替えを実施している。

さらに現在では、笹塚〜仙川間約7・2キロの連続立体交差化にも取り組んでいる。これは東京都を事業主体とする都市計画事業で、2014（平成26）年2月に事業認可を取得、2018（平成30）年に各工区で本格的な工事に着手している。完成すれば全区間が高架化され、放射第23号線（井の頭通り）など25か所の踏切がなくなる予定だ。

この工事でも明大前および千歳烏山駅では、現状の上下本線2線から上下待避線を設けた4線とされる。また、桜上水駅はすでに上下待避線を設けた4線となっているが、これに加えて車庫線2線を設け、完成後も車両留置などに活用される見込みだ。

当初の事業計画では2022（平成34）年度までに竣工とされていたが、用地取得などの遅れもあり、同年3月15日付で国土交通省から事業認可の延伸が告示された。ここでは2030年度末までとなっているが、京王電鉄などは事業の早期完成をめざして、工事を

クロスシートが特徴の「京王ライナー」。座席が回転してロングシートになる仕掛けだ　写真：交通新聞社

推進していくとしている。

京王初の有料座席指定列車「京王ライナー」

また、近年の京王の動きとして2018（平成30）年2月22日から運行を開始した「京王ライナー」も忘れられない。これは京王初の有料座席指定列車で、当初は夜間帯に新宿始発の京王八王子行きおよび橋本行きの2系統で運転を開始した。現在では両系統で朝の上り列車も運転を開始、土休日には午前中に新宿発、高尾山口行き、午後に高尾山口発、新宿行きも設定されている。

車両はクロスシートとロングシートの双方に切り替えが可能な5000系が新たに開発された。ちなみに京王の歴史の中で、クロスシートは京王電気軌道時代の150形および500形の16両しかなく、それも10年足らずでロングシート化されてしまっている。京王にとっては久々のクロスシートということで、大きな話題になった。こうした通勤路線の有料座席指定列車は、近年、都市部を中心に増えているが、より快適なサービスを提供すると共に今後の利用者の動向を見据えた施策となっていくことだろう。

コラム

京王グループ　2つの鋼索鉄道

現在、京王電鉄ではグループ会社として2つの鋼索鉄道（ケーブルカー）もある。

ひとつは高尾山でケーブルカーとリフトを運行している「高尾登山電鉄」だ。共に京王電鉄の高尾山口駅から徒歩5分ほどの場所にのりばがある。のりばは隣接しているが、ケーブルカーは清滝駅、リフトは山麓駅と名称が分かれている。ちなみに山頂側ののりばは徒歩10分ほど離れた位置にあり、ケーブルカーが高尾山駅、リフトが山頂駅となっている。

ケーブルカーは標高201メートルの清滝駅から同472メートルの高尾山駅まで全長1000メートルで結んでいる。その間の標高差は271メートル、最急勾配は608パーミル（31度18分）で、鉄道事業法による鉄道としては日本最急勾配となっている。ただし、清滝駅側は105パーミルと緩く、高尾山駅の手前から急勾配となる。乗車時、緩勾配で侮っていると、最後はよろけるほどとなる。

ちなみにリフトの山麓駅は標高225メートル、山上駅は同462メートルで、標高差は237メートル、距離は872メートルだ。

高尾登山電鉄のケーブルカーは、高尾山に開山された高尾山薬王院などの発案で計画されたもので、大正時代に「高尾索道」として免許を得ている。その後、「高尾登山鉄道」と社名変更の上、1927（昭和2）年1月に開業している。戦時中、一時営業を休止したが、戦後の1948（昭和23）年に「高尾観光」と社名を改め、翌年10月からケーブルカーの運行を再開した。さらに1952（昭和27）年に社名を現在の「高尾登山電鉄」に変更した。また、前回の東京オリンピックが開催された1964（昭和39）年10月10日、リフトも開業している。

1967（昭和42）年に京王の高尾線が開業、終点となった高尾山口駅からほど近いケーブルカーやリフトに乗り換えて手軽に高尾山散策が楽しめるようになった。当時の京王帝都電鉄ではハイキング特急「高尾」、あるいは元旦に運行される「迎光号」などで積極的に高尾山と取り組み、高尾登山電鉄の株式を取得することも行なっていたが、高尾登山電鉄は独自の運営を続けていた。

その後、京王電鉄では株式をさらに取得、出資比率を6割に引き上げ、2017（平成29）年3月1日付で高尾登山電鉄を子会社化している。

もうひとつの鋼索鉄道は、御岳山でケーブルカーとリフトを運行している「御岳登山鉄道」だ。御岳山は青梅市にあり、京王電鉄の鉄道とは縁がないが、京王帝都電鉄時代の1972

高尾山をより身近にしている高尾登山電鉄

（昭和47）年5月29日付で資本参加、現在に続く京王電鉄の子会社となっている。

御岳登山鉄道のケーブルカーは標高407・6メートルの滝本駅から同831・0メートルの御岳山駅まで1107メートルを結んでいる。標高差は423・6メートル、最大勾配は466・3パーミル（25度）だ。リフトは御岳山駅に隣接した御岳平駅から大展望台駅まで全長98メートルという小規模なものだ。

こちらは「御岳山電気鋼索鉄道」として免許を受け、「御岳登山鉄道」と改称の上、1934（昭和9）年12月31日に開業している。やはり、戦時中に休止。1947（昭和22）年に「大多摩観光開発」と社名変更

車体上部に「KEIO」のロゴがある御岳登山鉄道

の上、１９５１（昭和26）年６月に運行再開している。リフトは１９５９（昭和34）年の開業。なお、１９６１（昭和36）年７月１日付で「御岳登山鉄道」と社名を再度変更している。

第2章

貴賓車から京王ライナーまで
～車両は多彩

最初の電車は木造単車、ポール集電だった

1913（大正2）年、笹塚～調布間で京王電気軌道の運行が始まったが、この時に用意されたのは6両の電車だった。車体長は8メートル、定員44名（『京王帝都電鉄三十年史』による。40名とする資料もある）の木造4輪単車で、1形と呼ばれている。

車体は運転台部分をデッキ状に開放した構造で、乗客は運転台わきのステップを使って乗降した。これは電車以前の馬車から発展した形態だ。屋根は2段式のダブルルーフだが、前後端は四角い行燈型ではなく、丸くカーブして前面妻板へと続いていた。

全体的に明治期に使われた路面電車の標準的スタイルだが、屋根の丸いカーブは明治晩年の京浜電鉄（京浜急行電鉄の前身）、山手線電車などで採用したのが始まりで、当時としては流行の最先端だった。

集電方式はポールだが、京王電気軌道の架線（電車線）は複架線だったため、2本並べたダブルポールとなっていた。現在の鉄道は、通常1本の架線から電気を受け、線路を帰電（アース）としているが、当時は線路から漏電して地下に埋没された水道管などが腐食する事故も発生していた。そこで安全対策として2本で回路を構成したのだ。これは東京市電などでも同様に複架線としている。

ポールは進行方向に対して必ず後ろ向きに掲げねばならず、折り返し駅に着くと車掌や運転士がポールの先端部に結んだ紐を引いてポールの向きを回転していた。ポールは２本あり、互いを接触させせないように作業はそれぞれ行なわれた。

さらに運転台下に救助網も付いている。これは万が一、線路上で人などに接触した際、車輪に巻き込まれぬように保護するもので、これも『京王帝都電鉄三十年史』によると折り返し駅で前後付け替えていたようだ。

その後、京王電気軌道の線路は新宿、府中へと延伸され、それにともない車両も増備され、１〜18号となった。車両番号は連番で、車体寸法や外観もほぼ同一だったが、製造所が異なったりしたので形式名は7形、９形、13形、15形と分けられている。

新宿連絡もなし得たことで利用者が増え、１９１９（大正８）年からボギー車19形を導入して輸送力を強化していった。その結果、初期グループの４輪単車は出番が減っていく。そして１９２３（大正12）年9月１日に関東大震災が発生する。京王電気軌道もボギー車２両焼失、４両大破といった被害を受けたが、４輪単車は無事だった。この震災では横浜市電が１５０両のうち、94両が焼失するという大きな被害を受け、その応援というかたちで京王電気軌道の４輪単車のうち16両が供与されることになった。京王にとっては余剰車両の有効活用となったのだ。

この移送は、新宿追分駅から東京市電（のち東京都電）および京浜電鉄（京浜急行電鉄の前身）を通じて神奈川駅に向かい、横浜市電へと運ばれたそうだ。この時代、京王電気軌道・東京市電・京浜電鉄・横浜市電とも軌間は1372ミリだったことから、こんな移送も実現したのである。当時、新宿追分駅で京王電気軌道と東京市電、神奈川駅で京浜電鉄と横浜市電の線路はつながっていなかったが、その間はそれぞれ数10メートルの至近だった。さほど苦労せず、運べたと想像する。

なお、京王電気軌道から転出した16両は、横浜市電の151～166号となって1932（昭和7）年ごろまで活用されている。

大正期の名車、23形

1919（大正8）年、京王電気軌道初のボギー車として19形が導入された。これは4輪単車の車体長を11メートルまで伸ばし、定員も60名としたものだが、運転台は開放式で、ブレーキもハンドブレーキだけだった。これは4両だけの増備に留まり、翌年に23形が登場する。

23形の車体長はやはり11メートル級だったが、運転台のわきには引き戸が付けられ、馬車の設計を踏襲してきた開放式にピリオドを打った。車体は木造だったが、前面が細く絞られ、なかなかスタイリッシュな面構えだ。また、23形では当初からエアブレーキが装備され、スピードアップにも対応した構造となっている。ちなみに19形もほどなくエアブレーキに改造されている。

23形の集電も製造当初は２本ポールだった。車体長が延びたため、前後２か所、計４本のポールを掲げている。ポールの回転は必要なくなったが、前後のポールの上げ下げは続いた。また、救助網は前後に取り付けられており、この取り回し作業は不要となった。

京王電気軌道では１９２７（昭和２）年に架線を１本とし、それを吊り下げる構造も高速運転に対応する現在も標準的に使用されるシンプルカテナリー式に改めている。この架線変更に合わせて23形もポールからパンタグラフ集電へと改造された。

23形は１９２６（大正15）年まで合計44両も増備され、京王電気軌道を代表する電車となったのである。

鉄道趣味界の大先輩・高松吉太郎氏は、昭和の初めころ、新宿追分で23形に出逢った感激をいくつもの著作に残している。前後の細長いスタイルはスピード感にあふれ、東京市電新宿線の電車が貧弱に見えたという。車体色はマルーンで、金文字のナンバーも郊外電車らしさを醸しだしていたようだ。氏は23形に魅了され、多くの写真も残している。

名車の誉も高かった23形だが、昭和期に入ると後継車両の登場で、新宿～笹塚間のローカル運用に少数残ったほかは引退となった。ただし、使いやすい車両と評価が高く、北は函館から西は広島まで各地に移籍、さらには海を渡って大連や北京で活躍した車両もあった。

玉南1形に始まる中型車

1925（大正14）年、玉南電気鉄道として府中～東八王子間の運行が始まった。のちに京王電気軌道の新宿追分から直通運転を行なうが、当初は軌間も異なり独立した鉄道で、車両も専用の玉南1形が導入された。

車体は14メートル級、木造のダブルルーフ、両運転台だったが、車体は23形より一まわり大きく、スタイルも路面電車から脱却した郊外電車風となっていた。ただし、ヘッドライトは屋根上ではなく、京王の1～23形同様、窓下のいわゆる「おへそライト」。さらに玉南1形が誕生した年、国鉄は連結器をバッファー・リンク式から自動連結器に交換しているが、玉南1形はバッファー・リンク式で登場している。そのため、郊外電車といっても垢抜けしない田舎臭さが残り、それが玉南１形の独特な個性となっている。

その後、京王電気軌道は玉南電気鉄道を合併、玉南線を改軌して直通運転を開始するが、これに向けて１９２８（昭和３）年から車両を増備していく。最初につくられたのはロングシートの１１０形とクロスシートの１５０形だった。車体は半鋼製となったが屋根はダブルルーフだった。寸法は玉南１形を概ね踏襲、スタイルも近似しており、玉南１形がこの時代の京王電車の基本となったといえる。なお、連結器は最初から自動連結器で、玉南１形も自動連結器に交換されている。

１９３３（昭和８）年以降に増備された１２５形、２００形、３００形、４００形などはシングルルーフの丸屋根となったが、全体のフォーマットはやはり玉南１形の流れを汲んでいる。いずれも両運転台だったが、４００形は当初電装されず、３００形などと連結運転された。

この時代の電車の色は諸説あるが、１１０形や１５０形の登場時は青系だったようだ。当時を知る人はコバルトブルーや空色という表現もしている。その後、緑系となるが、明るい色ではなく深緑のような落ち着いた色調だったようだ。

この時代に導入された一連の車両は60両を超え、戦後発足した京王帝都電鉄ではこのグ

400形はのちにデハ2400形として活躍。現在は京王れーるランドで保存されている

ループを便宜的に「中型車」と呼んでいたという。なお、東京急行電鉄への合併時、京王車両は2000番台に区分され、例えば110形はデハ2110形とされた。

御陵線開通で誕生した貴賓車

京王電気軌道では大正天皇の陵墓が八王子市内に造営されると、参詣の人々に向けて御陵線を建設、1931（昭和6）年から運行を開始している。御陵線ではクロスシートの150形などで運行されたが、皇族らの利用も配慮して貴賓車も1両製造された。500形の500号電車である。結果的に関東の私鉄では唯一の電動貴賓車となっている。

1両だけ存在した貴賓車（当時の絵葉書より）　所蔵：鈴木洋

車体の基本は、同時期に製造された110形や150形に準じた半鋼製車だが、屋根は京王初のシングルルーフとなった。さらに側面窓上には半月状の飾り窓も添えられ、一般車両とは一頭地違うスタイルだった。座席はロングシートだが、床には緋色のじゅうたん、窓辺には緑色のカーテンが、バランスと呼ばれる上飾りと共にかけられ、高級感のある落ち着いた客室となっていた。また、客室中央部には手洗い所も設けられていた。

残念ながら皇族利用は少なく、照宮成子内親王が利用されたぐらいだったようだ。1938（昭和13）年には手洗い部分に出入口扉を設けて3扉に改造、一般車に格下げされてしまった。飾り窓はそのまま残ったが、1945(昭和20)年5月の空襲で焼失している。なお、クロスシートで登場した150形も1938(昭和13)年にロングシート化、さらに3扉化されている。

帝都電鉄の車両

現在の井の頭線は1933(昭和8)年に帝都電鉄として開業している。帝都電鉄は当初から高速鉄道として計画され、車両もそのコンセプトに合わせて準備された。

最初に導入されたモハ100形は17メートル級の3扉半鋼製車だった。屋根はシングルルーフの丸屋根で、窓配置などは東横電鉄(東急東横線の前身)モハ510形などに近似している。この時代の関東私鉄電車として標準的なフォーマットだった。

しかし、モハ100形はさらに一味違う車両だった。当時の車両課主任・松村利氏の談話も残っているが、「軽快な而して強度においても十分なるかつ内外共目障りなき一見明朗な感じ」と記されている。こうした考え方から側面窓は、高さ1000ミリ、幅800ミリとされた。東横電鉄モハ510形は高さ870ミリ、幅790ミリだったので格段に大きく、軽快感あふれる電車となった。ちなみに側面窓の大きなことで有名な京浜急行電鉄デハ230形は高さ1050ミリだが、幅760ミリなので優劣つけ難いところだろう。
また、京王電気軌道の車両はいずれも車体の左右中央に運転台を置き、客室とはHポールで仕切っていたが、帝都電鉄のモハ100形は運転台を進行方向左に寄せて客室とは腰の高さの羽目板で仕切られていた。こうした構造のため、進行方向左側には乗務員扉が取り付けられている。これも東横電鉄モハ510形などに続く当時標準的なレイアウトだった。運転室の反対側は客用のロングシートが車端部まで伸び、鉄道ファンには堪えられない特等席となった。当時の写真を見ると、この席に子どもたちが鈴なりになっているものが多い。

帝都電鉄の電車の特徴として、運転台となった前面窓に窓1個分のヒサシも付けられていた。これも東横電鉄モハ510形から始まったものだが、乗務員にとって好評だったようで、帝都電鉄ではモハ100形に続いて増備したモハ200形、クハ250形、クハ500形と全車両に設置している。

帝都電鉄は小田原急行電鉄を経て東京急行電鉄に合併されるが、帝都車両は1000番台に区分され、モハ100形はデハ1400形、モハ200形はデハ1450形のように改番された。ただし、1945（昭和20）年5月の空襲で大半が焼失してしまった。

湘南形2枚窓で活躍したグリーンの電車たち

1950（昭和25）年、国鉄初の長距離用電車として「湘南電車」こと80系が誕生した。当初は前面3枚窓のスタイルだったが、同年に増備された2次車から窓部分をやや傾斜させて窓を2枚としたスタイルに設計変更された。これがいわゆる湘南形を印象付けるデザインとなり、国鉄のみならず私鉄各社でもこれを踏襲した電車が次々と登場している。

京王帝都電鉄では東京急行電鉄から独立後も戦争によって被災した車両の復旧に努め、また1950（昭和25）年からは京王線用2600系、井の頭線用1800系などの新製導入も始めていたが、この時代に国鉄の湘南電車が登場したのである。京王もこれに大きな影響を受けたと見られ、1953（昭和28）年3月から京王線で運転を開始した2700系は湘南形2枚窓で登場した。国鉄80系では車体すそがストレートに落ちていたが、2700系では裾まわりにカーブを付け、おしゃれな感じに仕上げている。また、正面すそには80系にはなかったアンチクライマーも付けられた。なお、この2700系は日本で初めて高抗張力鋼を使って軽量化に取り組んだ車両としても知られている。

同年暮れ、井の頭線に登場したデハ1900形も2700系同様、湘南形2枚窓だった。この車両は先頭車だけの製造だったことから、京王帝都電鉄では1900系とはせず、デ

正面が2枚窓のスタイルが似ている京王2700系（上）と国鉄80系（下）
写真2枚とも：交通新聞社

ハ1900形と呼んでいる。

1950年代、電車の高性能化の研究が進み、電動機から車輪への伝動方式が吊り掛け式からカルダン式へと変わりつつあった。このほかに機器配置を編成単位で工夫するユニット方式なども考案された。こうした新技術を盛り込んで1957（昭和32）年に登場したのが国鉄の101系（当初は90系）で「新性能電車」と呼ばれた。私鉄電車もこの流れの中で開発されるようになり、こちらは概ね「高性能電車」と呼ばれている。

京王帝都電鉄の高性能電車第一陣となったのは、京王線用の2000系、井の頭線用の1000系だった。共に1957（昭和32）年から運転を開始している。これらも湘南形2枚窓で、京王電車の顔として定着していった。共にオール電動車だったが、のちに出力アップした2010系もつくられている。ここで使用された付随車は主に戦災復旧した中型車で、高性能電車に組成できるように再改造大型化したものだ。

こうして昭和30年代から昭和50年代にかけて、京王帝都電鉄ではライトグリーンに装った湘南形2枚窓の電車が活躍したのだ。このグループで最後まで残ったのは井の頭線の1000系で、これは1984（昭和59）年3月に引退となった。

京王初のオールステンレス車、3000系

現在、JR在来線や私鉄各社で使用される車両の大半はステンレス製となっているが、鉄道車両への本格的な活用は昭和30年代後半に始まっている。ステンレス鋼はさびに強く、現在ではその特性を活かして鉄道車両以外でも広く使われているが、特徴のひとつとして硬度が高く、加工しにくい素材でもある。ただし、硬度が高いということは軽量化にも役立つ。そのため、鉄道車両では台枠や骨組は普通鋼、外板のみステンレス鋼とすることで試用が始まった。

東急車輛製造（現・総合車両製作所）では、アメリカのバッド社からステンレス加工の技術提携を受け、骨組も含めて主要部材のほとんどをステンレス鋼で構成した車両の製造が可能になった。まず東京急行電鉄（現・東急電鉄）7000系を製造、1962（昭和37）年1月から運行を開始した。引き続き、京王帝都電鉄と南海電気鉄道向けの電車も製造した。このうち、京王向けの車両が井の頭線用3000系だった。南海車両は6000系として同年12月25日から、京王3000系は同じく12月30日から営業運転を開始、わずかな差で日本3例目のオールステンレス車両となったのである。

この時代のステンレス車両は、溶接跡やひずみを目立たなくするなどの目的からコルゲー

トあるいはビードと呼ばれる波付き板を使う例が多かったが、3000系でも腰板や屋根に続く肩部分に使用している。

また、3000系の前面は、この時代の京王電車の標準デザインとなる湘南形2枚窓とされた。ただし、当時はステンレス鋼をこのような形状に加工することはできず、窓まわりを一体成型のFRPとしている。鉄道車両でこのサイズのFRP材を使うのは世界でも初めてと紹介された。また、FRPは絶縁性も高いため、屋上の通風器などにも使われている。

前面窓まわりのERP部材は、ステンレスとは色調を変えて視覚的なワンポイントとした。この色調は第1編成ブルーグリーン、第2編成アイボリーホワイト、第3編成サーモンピンクと編成ごとに変えていった。最終的にライトグリーン、バイオレット、ベージュ、ライトブルーも加わり7色となり、そのころから「レインボーカラー」というキャッチフレーズも使われるようになった。

3000系の特徴は台車にもあり、これはやはりバッド社が開発したパイオニア型を使用している。構造が簡単で、軽量化にも役立つ。さらにブレーキはディスクブレーキで、保守もしやすかった。

オールステンレス車としてデビューした3000系

３０００系の車体幅は当初２７００ミリだったが、途中で２８００ミリと車体を大型化している。この後期型は車体すそが絞られ、出入口扉も片開きから両開きとなった。

当初は非冷房・４両編成だったが、途中で冷房搭載となり、編成も5両と増結された。それに合わせて初期車も冷房化・５両編成化された。これにより井の頭線では１９８４（昭和59）年に全車冷房化を達成している。１９９５（平成7）年からはリニューアルも行なわれたが、この時にＦＲＰ製の前面は普通鋼に作り替えられ、前面窓を側面まで拡大している。

井の頭線では２０１１（平成23）年暮れ

で3000系全車が引退となったが、一部の車両は北陸鉄道、上毛電気鉄道、岳南鉄道（現・岳南電車）、伊予鉄道などに譲渡され、その一部は現在も活躍を続けている。

新しい京王カラーで誕生した5000系

京王線では1963（昭和38）年8月4日に電力を600ボルトから1500ボルトに昇圧したが、それに合わせて開発され、同日から運転を開始したのが5000系だ。京王線では同年10月から新宿〜東八王子間で特急運転を開始しているが、それに起用する狙いもあり、当初は「ビジネス特急5000系」として紹介されたこともある。

5000系は京王初の正面貫通式となった。これは分割併合の便をはかるだけでなく、同年4月に完成した新宿の地下化にも配慮したものだった。京王線の地下線は断面が大きく、規定上トンネル扱いとなっているが、非常時の乗客誘導として前面出入り口を設けたのだ。さらにパノラミックウインドウの採用で個性ある顔つきとなった。

また、結果として0系新幹線電車に近似したアイボリーの塗色も新鮮だった。これは当時の鉄道担当常務・井上正忠氏の「明るい色」というオーダーからデザインされたという。窓下にはエンジ色のラインが施されているが、線というには太く、帯というには細い、不安定デザインで緊張感を演出する狙いで上下幅を80ミリに決めたそうだ。さらに先頭部にはスピード感を演出するヒレも付けられている。

車体は当時の私鉄標準寸法となる車体長１７５００ミリ、車体幅２７００ミリにしたが、ホームとの接触を防ぐため車体すそを絞り、また連結面間も詰めて１８０００ミリに押さえている。この５０００系も増備車では車体幅をさらに２８００ミリまで拡幅している。

５０００系は４両編成だったが、６両編成の運転に備え、２両編成の５０７０系も製造された。こちらはのちに５１００系と改番されるが、この初期車の一部は車体が新製されたものの、動力部は２０１０系の流用で、改造名義となっている。なお、完全新製の５１００系では３両編成もつくられた。増備中に冷房化が行なわれ、初期車も冷房化改造が進められた。

特急運転開始時、５０００系の所定数が揃わず、やむなく２０１０系および２７００系のうち４両編成４本、２両編成６本の合計28両をアイボリーに塗り変えて湘南顔のまま共用している。利用者から「ニセ新車」とも呼ばれたが、５０００系・５１００系の増備により、短期間のうちに運用を終えている。

５０００系は京王新線を除く、京王線系統で運用され、ハイキング特急「高尾」（高尾山

京王の歴代の車両の中でも名車の誉高い5000系。1964年度ローレル賞受賞式　新宿駅　1964.7.18　写真：交通新聞社

口行き）、同「陣馬」（京王八王子行き）、さらには「迎光号」などのヘッドマークを掲げた運転もあった。京王を代表する名車だったが、経年により後継車への置き換えも進められ、1996（平成8）年3月で本線での運転を終了、最後は動物園線の区間運転となったが、これも同年11月で終了、引退となった。

一部の車両は富士急行（現・富士山麓電気鉄道）、一畑電気鉄道（現・一畑電車）、高松琴平電気鉄道、伊予鉄道などに譲渡され、さらに他社へ転じたものもあるが、その一部は現在も活躍を続けている。なお、3両はそのまま京王でデワ5000系として事業車に改造されたが、現在は引退している。

京王初の20メートル車、6000系

1978（昭和53）年10月、10号線計画の一区間となる新宿～笹塚間の地下新線が開通した。そして1980（昭和55）年3月には都営地下鉄新宿線が新宿駅まで開業、同日から京王との相互直通運転が始まったのである。この相互直通運転に向けて導入されたのが6000系である。

6000系はこうした経緯から都営地下鉄との協定に基づいて設計された。京王初の20メートル車で、出入口は両開き4扉、車体幅は2800ミリとされた。従来の京王車両より大きく、京王線では導入に向けて曲線部の線路間隔を拡幅、ホームと線路の隔離幅の調整なども行なっている。

前面は地下鉄仕様で前面貫通路付き。行き先表示や列車種別の案内は窓の上部にまとめて表示するスタイルとした。さらに夜間の識別しやすさを考慮して黒を基調にまとめ、これが6000系を印象付けるポイントとなった。

車体の塗色は5000系を引き継いだアイボリーだが、エンジ色のラインは上下幅100ミリとやや広げている。先頭部のヒレは省略されたが、貫通扉のわきで斜めにカット、スピード感の演出としている。ただし、これはほどなくストレートに改められている。

都営新宿線乗り入れ仕様で登場した6000系　写真：交通新聞社

６０００系は10号線計画向けではあったが、１９７２（昭和47）年から導入が始まり、１９９１（平成３）年の5扉車まで増備が続けられた。その結果、のべ３００両を超え、京王では同一形式最大両数を誇る形式となった。編成も8両、６両、５両、３両、２両と多彩で、最大10両編成まで組成してさまざまな運用に対応している。制御方式も初期車は抵抗制御だったが、１９７３（昭和48）年からは界磁チョッパ制御とされ、都営新宿線乗り入れ車両では専用ＡＴＣも備えている。

６０００系は２０１１（平成23）年まで活躍した。最後は動物園線で使用され、同年３月で引退している。１９９５（平成７）年には３両が事業車デワ６００形に改造されたが、これも２０１６（平成28）年で引退している。

京王線初のステンレス車、７０００系

６０００系の増備が続く中、１９８４（昭和59）年には７０００系が登場した。京王線では初のステンレス車両だ。初期車は井の頭線用３０００系のようなコルゲート付きだが、後期車はビードプレスとなっている。なお、前面角の曲面部はＦＲＰ製となっている。

７０００系は６０００系をステンレス車化したイメージだ。前面のデザインなども近似し、鉄道ファン的には６０００系のマイナーチェンジ車ととらえる向きも多い。ただし、京王では６０００系を特急や地下鉄乗り入れまで汎用性の高い車両としたのに対し、７０００系に対しては当初、各駅に停車する普通としての運用を基本として考えていたようだ。そのため、登場時は５両編成となっていた。

しかし、増備中に８両編成もつくられ、初期の５両編成は６両化、さらに８両化された。また、こうした編成と連結して10両運転も行なうため２両や４両の編成も用意され、６０００系同様に多彩な編成を持つようになっている。こうして１９９６（平成８）年までのべ１９０両が導入されている。

7000系は現在も京王線で、特急から各駅停車まで広く活躍している

こうしてさまざまな編成が用意されたことで7000系の運用が拡大され、現在は特急から普通まで幅広く活用されている。ただし、都営新宿線への乗り入れはない。なお、2003（平成15）年から界磁チョッパ制御をVVVFインバータ制御に変更する改造も実施しているが、2017（平成29）年から廃車も始まった。

京王線初のVVVFインバータ制御車8000系

京王のイメージアップをはかるべく1990（平成2）年に始まった「リフレッシング京王」運動の象徴のひとつとして開発されたのが8000系だ。

この時代、鉄道部門では１９９０（平成２）年に相模原線が全通、１９９２（平成４）年には長沼～北野間高架化事業も全面竣工して、抜本的なダイヤ改正を行なう準備が整った。これを受けて１９９２年５月に相模原線に特急を新設するなど大幅な輸送力増強を実施することになったが、それには車両の増備が必要だった。さらに京王線の主力となっていた６０００系は置き換え時期に入っていたのだ。

こうした状況下で新型車両８０００系の開発が始まったが、設計には７０００系で導入した軽量ステンレス構造を採用、さらに最新のＶＶＶＦインバータ制御を使った省エネと保守の低減をはかるといった方針が立てられた。

リフレッシング京王ということで、８０００系には新たなイメージを盛り込むべく流線形の前面も検討された。しかし、車体長を伸ばすか客室面積を減らすかという課題が発生、見送られた。これはのちに新５０００系で実現することになるが、８０００系はその思いを込めたデザインになっていると思う。

流線形とはできなかったものの、大型曲面ガラスを両サイドにまわり込ませ、全体を柔らかな曲面に仕上げている。窓の上下辺は直線ではなく、弧を描く。中央部には非常時の貫通路が設置されているが、窓上部の列車種別の案内表示部、そして窓の縁を黒であしらって一体感を持たせ、あたかも1枚ガラスのように見せてワイド感を演出しているのだ。

車体は先述のように軽量ステンレスだが、この前面部は普通鋼製で、全体を京王アイボリーとし、ロゴマークとイメージカラーの京王レッド（チェリーレッド）と京王ブルー（インディゴ）のラインをあしらっている。このイメージカラーのラインは車体側面へと続く。

一方、車体側面は基本フォーマットを6000系・7000系に揃えているが、側面も肩部分と車体すそに曲面を入れて、独自のイメージを演出している。また、客室では空間を明るくするということで窓面積を最大限に大きく取り、また戸袋部にも窓を設けている。配色は暖かみのあるソフトなイメージだ。座席は京王では初めてのバケット式を採用、座り心地の向上をめざした。その後、この座席が京王で標準化している。

8000系は1992（平成4）年3月にデビュー、新宿〜京王八王子間の特急を中心として活躍するようになった。また、8000系は同年のグッドデザイン商品（Gマーク商品。現在はグッドデザイン賞）にも選定されている。京王帝都電鉄では初めての選定だった。

この時代、グッドデザイン商品では鉄道車両の選定も行なわれるようになっていたが、同年の選定は京王8000系のほか、JR東日本の215系（オール2階建て近郊形電車）、近鉄22000系（特急形電車）、JR貨物のEF200形だった。当時、純粋な通勤形電

8000系は1992年グッドデザイン賞を受賞

車での選定は珍しく、８０００系はその先鞭をつけたといえる。

８０００系は、当初６両と４両に分割できる10両編成で製造されたが、後期は８両編成となって１９９９（平成11）年まで増備が続き、のべ２４５両が製造されている。現在では９０００系に続く大所帯となり、８両編成は各駅停車中心、10両編成は特急から各駅停車まで幅広く使われている。なお、都営新宿線への乗り入れはできない。

井の頭線初の20メートル車、１０００系

井の頭線でも輸送力増強は長年の課題となっていた。井の頭線では１９７８（昭和53）年に18メートル車５両編成化を完了し、

1984（昭和59）年以降は3000系に統一して運行してきたが、運転本数も限界でさらなる輸送力増強は列車単位の定員を増やすしかない状態だった。

そこで井の頭線では初めてとなる20メートル車の導入が決まり、1000系として開発された。これは3000系と同じく5両編成を組む。車体長が延びたことで出入口は1か所増えた4か所となり、乗降もしやすくなった。

車体は軽量ステンレス構造。側板は3000系のようなコルゲートの貼り付けではなく、ビードプレス材を使用している。さらに後期形ではビードもなくなり、すっきりした感じだ。3000系で始まった井の頭線のステンレスカーだが、この外観からも技術の進化が読み取れる。

前面のデザインは3000系のイメージを汲むものだが、曲面ガラスを使ったパノラミックウインドウとして軽快な感じになった。また、プラグ方式の前面非常口も設けられ、左右非対称の独特な顔つきとなっている。3000系の先頭部はFRP製だったが、1000系では普通鋼製。さらに窓まわりは「レインボーカラー」を継承、窓下は側面のステンレス素材と一体感を持たせるシルバーメタリックの塗装としている。

2010（平成22）年までに29編成145両が増備され、井の頭線の運行は1000系

1000系は井の頭線の主力として活躍

に統一された。なお、当初は編成中1か所に車いすスペースが設けられていたが、2016（平成28）年以降に行なわれたリニューアルに合わせて増設がはかられている。

京王電鉄最大両数を誇る9000系

長らく京王線の主力車両として活躍してきた6000系に替わる次世代車両として開発されたのが9000系だ。ここではメンテナンスやランニングコストの低減、軽量化や製造コストの低減、さらにバリアフリー化の推進も行なわれている。

前面のデザインは、8000系同様、大型曲面ガラスを使ったパノラミックウインドウ

9000系は京王往年の名車、5000系のイメージを踏襲

となっているが、全体的な雰囲気は昭和期に京王カラーを創出した5000系をほうふつさせるイメージとなっている。車体は軽量ステンレス構造だが、7000系・8000系のようなビードはなく、すっきりしている。
導入当初、6000系の運用が続いていたこともあり、6000系そして7000系とも併結運転できる。また、一部編成は都営新宿線への直通運転にも対応している。
2000（平成12）年（運用開始は2001年1月）から2009（平成21）年にかけて8両編成8本、10両編成20本の合計264両が製造され、現在では京王電鉄最大両数を誇る車両となった。この9000系も8000系に続くグッドデザイン賞を受賞している。

「京王ライナー」として活躍する新５０００系

２０１８（平成30）年春に始まった「京王ライナー」こと「京王初の有料座席指定列車」運転に向けて導入されたのが、５０００系だ。この形式名は昭和期に使われており、当時を知るオールドファンには「新５０００系」とも呼ばれている。

５０００系の最大の特徴は、クロスシートとロングシートの双方に切り替えが可能なＬ／Ｃ座席としていることだろう。有料座席指定列車としてはクロスシート、一般列車としてはロングシートで運行、それぞれの需要に合わせて異なるサービスを提供する汎用車両となっているのだ。ちなみに京王線のクロスシート車は京王電気軌道以来となる。

車両の外観も「京王初の有料座席指定列車」を意識して、特に先頭部はこれまでの流れとはまったく異なるデザインとなっている。深い傾斜となった運転室窓まわりは、黒い部分が半分以上を占め、さらに肩からヘッドライトわきに流れる京王レッドのラインがシャープな雰囲気を醸し出している。

また、ヘッドライトまわりのデザインはＬＥＤのあしらい方を含めて個性的だ。さらに車体裾のスカート部も京王レッドで装い、この前面だけを見ていると通勤向けの車両ではない特別な車両といった印象を強く受ける。８０００系でなし得なかった流線形の誕生だ。

車体は近年の京王標準となったステンレス製だが、平面的にすっきりとした仕上がりだ。8000系は東急車輛製造の流れを汲む総合車両製作所で製造されているが、これはレーザー溶接の最新工法を用いた、同社の「sustina（サスティナ）」と呼ばれるシリーズだ。

ドアわきには優先席、車いす、ベビーカーのシンボルマークが掲示されているが、これは10両編成の全車両に設置されている。京王電鉄では既存車両でもこうしたスペースの拡張を進めているのだが、当初から全車両に設置されたのはこの5000系が初めてだ。

座席はロングシートの状態では2人分ずつ肘掛けで区切られ、ドア間で6人掛けとなっている。京王のモケットは硬めでホールドの良さで定評があるが、5000系ではヘッドレストまで用意され文句なしの仕上がりだ。

クロスシートへの変換は、最初に両わきの2人分が前にせり出して回転を始め、90度向きが変わったところで残った中央部の2人分座席が回転してクロスシートとなる。この転換は新宿駅の折り返しなどで実施されることもある。ホームから窓越しに観察できるので、運良く遭遇したらぜひご注目を！

また、照明はLEDによる間接照明だが、調色機能を備え、朝の通勤時間帯は爽やかな色、夜の座席指定列車では落ち着いた暖色系にするなどシーンに合わせて演出される。車内では放送装置も工夫がなされ、クロスシート時は左右スピーカーでステレオ再生されるようになっている。「京王ライナー」としての運行時などBGMが流されるが、その耳触りの良さには心が休まる思いだ。

５０００系は２０１７（平成29）年9月29日から一般列車としてデビュー、２０１８（平成30）年2月22日から「京王ライナー」としての運行も開始した。

「京王ライナー」は朝は京王八王子および橋本から新宿へ、夕方は新宿から京王八王子および橋本に向かう座席指定列車で、その利用には乗車券のほかに座席指定券（２０２５年1月現在、４１０円。こども同額）が必要だ。座席指定券は券売機、またはスマートフォンやパソコンで扱う京王チケットレスサービスで購入できる。なお、座席指定券なしで乗車、車内で購入すると７００円と割高で、着席できない場合もある。

このほか、土曜・休日には新宿～高尾山口間の「Ｍｔ．ＴＡＫＡＯ号」が運転されるほか、「迎光号」「迎春号」「キッズパークたまどう号」などの臨時列車も設定される。

現在、５０００系は9編成90両が導入され、座席指定券不要の一般列車としての運転も多く、都営新宿線への乗り入れもある。一般列車は基本的にロングシート状態だが、「京王

新5000系は現在の京王フラッグシップトレインだ　写真：交通新聞社

ライナー」の折り返し列車ではクロスシート状態で運行されることもある。

コラム

京王のドクターイエロー「DAX」

鉄道の安全な運行を行なっていくためには、定期的に線路や架線などの状況をチェックして常に最善の状態に保っておかねばならない。こうした状況を調べる方法として新幹線では「ドクターイエロー」が有名だが、京王電鉄でも類似の車両を備えている。その名は「DAX」、2008（平成20）年4月から活躍を続けているクヤ900形軌道架線総合検測車（車両番号はクヤ911）である。

この車両は営業列車と同じ速度で走行しながら、軌道と架線の状態を検測する機能を持っている。そこから「動的に」「分析できる」「高速列車」という意味を盛り込んだ「Dynamic Analytical eXpress」として、DAXの愛称となった。

軌道については台車部に光式レール測定装置、床にレーザー基準装置や動揺加速度計を設置し、軌道の通り・平面・高低・軌間・水準・動揺などを測定する。また、架線については屋根上に検測用パンタグラフ、接触状態確認用カメラ、電柱位置検出器、車内にレーザー照射によってトロリ線の摩耗や変位を測定する装置を設置し、トロリ線の高さ・摩耗・偏位、パンタグラフの衝撃・支障物、電柱位置などを測定している。

「DAX」は京王線の“お医者さん”　写真：交通新聞社

検測は2か月ごとに行なわれ、2日間かけて京王線系統全線を調べている。この検測結果を分析して、軌道や架線の状態を正常に維持する保線作業を実施しているのだ。

ちなみにクヤ900形は単独で走行するのではなく、前後にデヤ901形・デヤ902形などを連結、新宿側からデヤ901+クヤ911+サヤ912（貨車）+デヤ902と4両編成で運行される。このデヤ901形・デヤ902形は9000系をベースにした事業用電車で、室内は座席も一部設置されているが、大半は機器が設置されている。なお、デヤ901形、デヤ902形の登場前は、デワ600形に挟まれて運転された。

デヤ901形・デヤ902形は2015

機能的に構成されている「ＤＡＸ」の車内　写真：交通新聞社

（平成27）年9月に導入され、翌年4月からＤＡＸを組み込んだ検測運転を実施している。また、先頭台車には除雪装置（スノープラウ）も取り付けられており、降雪時はＤＡＸを外したデヤ９０１＋サヤ９１２（貨車）＋デヤ９０２の3両編成で除雪作業を行なうこともある。

なお、井の頭線はＤＡＸのような車両ではなく、「トラックマスター」と呼ばれる検測機械によって軌道の状況をチェックしている。検測速度ははるかに遅いが、路線長も限られているため、こうした対応としている。

第3章

砂利輸送と市電直通
～意外な運転歴

たこともある。

砂利も運んだ京王電気軌道

京王電鉄の前身となる京王電気軌道では、副業として砂利採掘とその輸送を行なっていたこともある。

東京では江戸時代から多摩川などで砂利の採掘が行なわれ、幕府への運上金となっていた記録もある。明治期に入ると道路用あるいは建築用として砂利の需要が極めて高くなり、さらに採掘方式の機械化も進んだ。そのため、この時代の私鉄では副業として砂利採掘を行ない、その砂利を輸送するものも多かった。実はこうした事業が貴重な収入源となっていたのである。

京王電気軌道も沿線に多摩川という砂利採掘の好適地があった。そのため、発起趣意書にも付帯事業のひとつとして砂利採取と輸送を掲げ、早い時期から計画していたのである。

京王電気軌道の砂利採掘事業の認可を得たのは、調布付近だった。調布駅までは1913（大正2）年4月に開業しており、起点側は1915（大正4）年5月に新宿まで達した。こうして輸送ルートが出来上がったため、早速、調布駅から砂利採掘を行なう多摩川左岸の多摩川原（現・京王多摩川）まで支線となる線路の敷設にとりかかった。これは1916（大正5）年6月に開通した。さらに砂利を運ぶ貨車12両およびこの貨車を牽く無蓋電動貨車２両も導入した。この時、旅客用の電車は18両だったので、その車両の比率からして砂利輸送にかける意気込みが伝わってくる。

京王電気軌道開業直後の苦境時代に専務取締役に就いた井上篤太郎は、玉川電気鉄道時代に砂利販売のうまみを経験していた。京王建て直しの施策のひとつとして砂利事業を進めたのである。

ちなみに玉川電気鉄道はのちに東急玉川線となる路線だが、特許取得時はその名も「玉川砂利電気鉄道」として、端から砂利の扱いを計画していたのだ。その砂利事業は順調に推移し、当初１０６７ミリだった軌間を東京市電に合わせて１３７２ミリに改軌、さらに電気方式も東京市電に合わせた。これにより市内まで砂利を直送する体制を築いたのだ。この体制が完了した１９２０（大正９）年度には貨物収入が２倍以上に増加したとされ、当時の砂利事業の景気の良さがうかがえる。

なお、多摩川の砂利採掘に関わる鉄道として、玉川電気鉄道や京王電気軌道のほか、東京横浜電鉄（現・東急東横線）、多摩川砂利鉄道（現・ＪＲ南武線の一部）、多摩鉄道（現・西武多摩川線）、東京砂利鉄道（のち国鉄下河原線）などが次々誕生していった。

京王電気軌道の砂利事業は支線開通と同時に始まり、多摩川原駅から砂利採掘現場までトロッコの線路が敷設された。この間は馬がトロッコを曳き、多摩川原駅で貨車に積み替えられた。同年下半期には約６４００立方メートルの砂利を出荷している。事業は順調に伸び、１９２３（大正12）年上半期には約２万１８００立方メートルを記録している。同

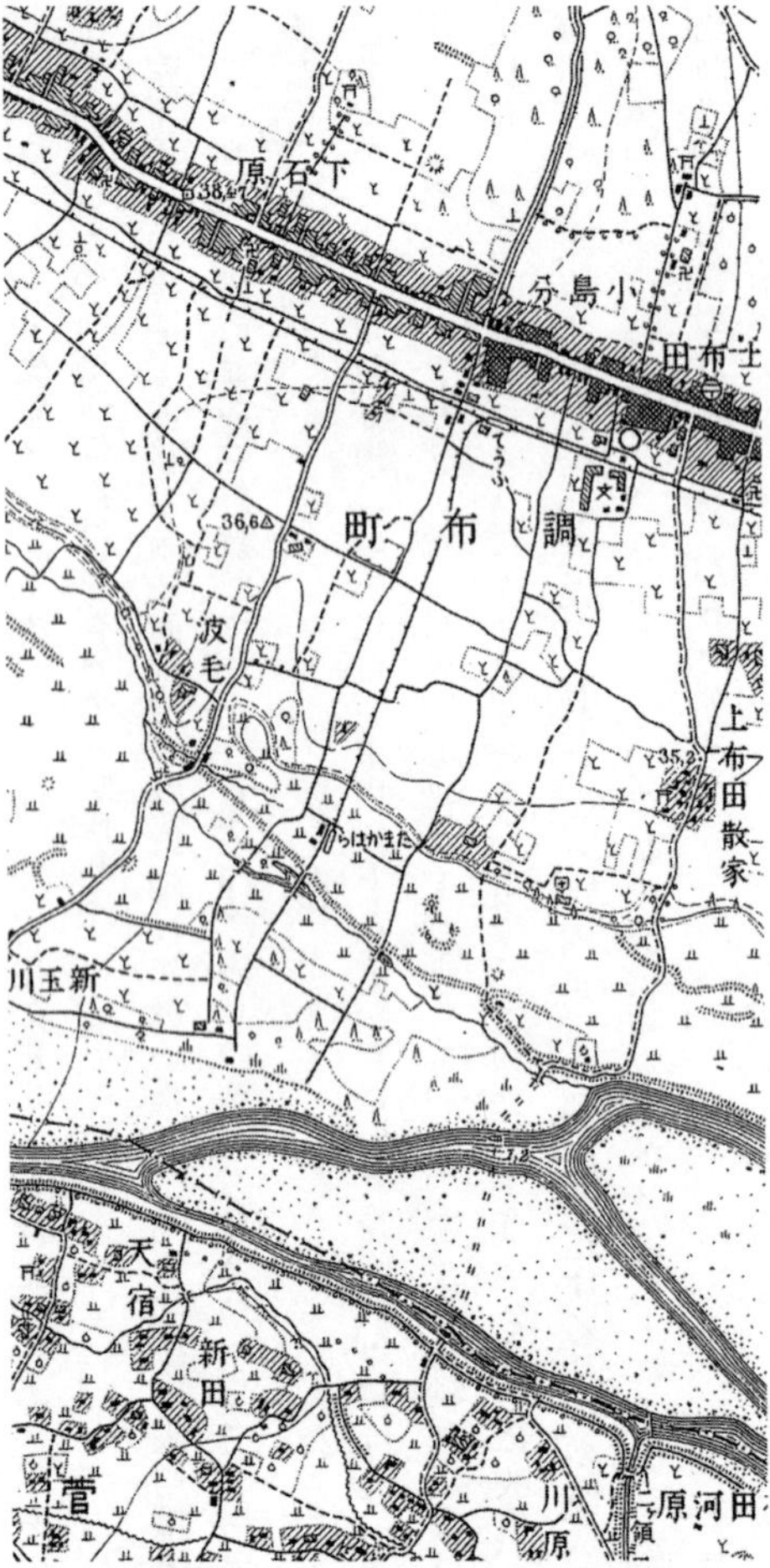

調布〜多摩川原間の砂利運搬線が描かれている。相模原線の前身でもある。２万5000分の１地形図「溝口」大正４年測図

年9月には関東大震災が発生、その復興用資材としてさらに業績が伸びたという。鉄道の副業とするレベルではなくなり、1927（昭和2）年には砂利採掘を専業とする京王砂利株式会社も設立させている。ただし、1933（昭和8）年には河川改修工事の進捗で調布界隈の採掘ができなくなり、鉱区を上流の中河原界隈に移し、中河原駅にも専用施設を設置している。

多摩川の砂利事業は明治末期から昭和初期にかけて、採掘の機械化、そして鉄道輸送によって拡大していったが、その一方では河床面の低下による取水難、水質汚濁などの悪影響も引き起こし、1935（昭和10）年ごろから鉱区の制限なども始まった。最終的に1965（昭和40）年に多摩川全域での砂利採掘は禁止となるが、京王砂利は戦時中に解散して砂利事業から撤退している。

東京市電への直通輸送も試みたが

京王電気軌道直営によって採掘された砂利は、貨車によって国鉄新宿駅手前の天神橋駅まで運ばれ、同駅に設置されていた積み替え施設（ホッパー）に集積され、東京府内へと運ばれた。当時、京王電気軌道と東京市電の線路はつながっておらず、玉川電気鉄道のようなわけにはいかなかったのである。そのため、京王電気軌道では下高井戸、調布、府中などにも貨物用側線を設け、砂利以外の貨物輸送も行なっている。

京王電気軌道の起点は1915（大正4）年5月30日から甲州街道と青梅街道（現・新宿通り）交差点そばの新宿追分となった。当初は甲州街道上の併用軌道で、道路上で折り返していた。すでに青梅街道では東京市電が運行されており、軌間は1372ミリと同じだったが、お互いの線路は接続されなかった。

1923（大正12）年9月の関東大震災後、都市計画道路上に停車場があっては復興に向けた障害になるとして、京王電気軌道では新宿追分駅を道路上から移動する計画を立てた。この時、新宿追分界隈の併用軌道は廃棄するとしている。一方、東京市電を運行する東京市電気局は未接続で残っていた区間を連絡させ、東京市電の貨物電車を京王電気軌道に乗り入れて多摩川原駅まで直通運転することを計画する。

両者の間で協議が行なわれたが、京王電気軌道は廃棄する併用軌道部分を東京市に売却、一方、東京市電気局では京王電気軌道の所有として存続させ、使用料を払う考えを主張、なかなか決着がつかなかった。

協議は翌年まで続き、最終的に京王電気軌道が東京市電気局の希望を受け入れて、線路が接続されることになった。しかし、京王電気軌道の車両は自社線内限定、直通列車は東京市電からの乗り入れとなっている。

こうした計画がまとまり、京王電気軌道では道路わきに駅用地を求め、「京王ビルディング」となるターミナルの建設に取り掛かる。この折、近隣住民から騒音や交通事故の多発などを懸念した移設反対運動が起こるが、鉄道省および内務省では砂利輸送がスムーズになることは帝都の復興に欠かせないとして却下、１９２７（昭和２）年10月28日に竣工した。

この日から道路上の新宿追分駅は１００メートルほど移動して京王ビルディング内に移った。ほどなく東京市電と旧新宿追分駅の線路がつながり、東京市電による多摩川原駅から四谷見附付近に設けられた集積場まで砂利輸送が始まった。東京市電では震災復興に向けた砂利輸送を強化するため、１９２４（大正13）年に45両もの貨車を新造しているが、その大半は玉川電気鉄道との直通運転に使用され、京王電気軌道向けの扱いは少なかったという。これは震災から数年を経て需要が落ち着いたこと、さらに東京市電気局の事業縮小の影響も受け、京王電気軌道が創業時にわざわざ１３７２ミリ軌間を選んだ方策はあまり役立たなかったのだ。

玉南線を改軌しての直通運転

1926（大正15）年12月4日、京王電気軌道は府中〜東八王子間の玉南電気鉄道を吸収合併した。もともと玉南電気鉄道は、京王電気軌道の府中以西を延伸する際、補助金を得る目的でつくられた子会社だった。別会社ゆえ、運賃は別々に定められていたが、「通し乗車券」も発売している。これが合併により、京王電気軌道が新宿追分〜東八王子間を統一営業することになった。

ただし、前述のとおり補助金申請に向けた制約から玉南電気鉄道の路線は京王電気軌道とは別の規格でつくられていた。軌間が1372ミリと1067ミリと異なるだけでなく、鉄道施設の規格、車両の規格も異なっていたのだ。

この時代、京王の車両は40両、玉南の車両は10両だったこともあり、軌間は京王電気軌道に合わせて全線1372ミリとされ、玉南線の線路を改軌することになった。この工事は比較的スムーズに進み、1927（昭和2）年6月1日に完了している。

これにより京王電気軌道の車両が玉南線に直通できるようになったが、車両の規格は玉南電気鉄道が大きかった。そのため、京王電気軌道の小型車に合わせて玉南線ホームの調整を始めたが、その途中で「これからは大型車の時代」という意見が出て、急遽、鉄道施設は玉南電気鉄道の規格に準拠することになり、京王電気軌道側ではホームの調整だけに留まらず、複線間隔の拡張、急曲線の緩和化などを実施している。さらに調整済みだった玉南線ホームを再改造する顛末もあった。また、集電方式もパンタグラフに統一することになり、架線の張り方も直接吊架式からシンプルカテナリー式に変更された。

並行して玉南電気鉄道の車両は車輪を１３７２ミリ軌間に改造、京王電気軌道の車両はポールからパンタグラフへの交換が進められた。

こうして直通運転に向けた改装が行なわれたが、当初、玉南電気鉄道の車両は新宿まで入れず、府中駅から地上設備の準備が整った区間に順次足を伸ばしていく運転となった。最終的に新宿追分〜東八王子間の直通運転は１９２８（昭和３）年5月22日から開始されている。

この時、新宿追分〜東八王子間は１日56往復、所要時間は68分で設定されている。ちなみに国鉄の新宿〜八王子間は１日12往復、所要70分で、京王が圧倒したのだ。

井の頭線と小田原線を結んだ「代田連絡線」

かつて井の頭線と小田急電鉄の小田原線を結ぶ線路があった。営業運転する路線ではなく、戦時中の特別な救済のためにつくられた路線だ。正式名称の記録はないが、「代田連絡線」と呼ばれている。

太平洋戦争中、日本各地で空襲を受けたが、総務省の統計によると東京ではのべ122回もの空襲を受けている。特に1945（昭和20）年は3月9～10日の東京大空襲をはじめ大規模な無差別空襲が数次にわたって行なわれ、先述のように5月25～26日の空襲では東京急行電鉄となっていた京王線や井の頭線でも大きな被害を出している。中でも井の頭線の被害は甚大で、永福町にあった車庫と車両工場が壊滅、これにより井の頭線用として運用されていた31両のうち24両が全焼、5両が被災した。無傷だったのは神泉トンネルに避難させた2両だけだった。

被災した5両には応急措置を施し、7両で運行を再開したが、間引き運転をせざるを得なかった。輸送力の不足は著しく、これが大きな問題となった。実は陸海軍の軍用機を製造していた中島飛行機の工場や研究所が武蔵野にあり、さらに井の頭線沿線には関連工場も点在していた。その工員輸送に支障が出るとされたのである。ちなみに井の頭線沿線の久我山にはこれらの施設を守るため、日本最大の高射砲も設置されていた。

こうした状況下、井の頭線の輸送力復旧は急務とされ、東京急行電鉄では軌間が同じ

１０６７ミリだった小田原線の車両を応援として投入することにした。しかし、両線の線路はつながっておらず、１９４３（昭和18）年には新宿から永福町まで牛に牽かせた陸送も実施されているが、効率的ではない。そこで両線を結ぶ連絡線を急遽つくることになったのだ。

これは小田原線世田谷代田駅と井の頭線代田二丁目（現・新代田）駅を結ぶもので、その敷設には陸軍鉄道連隊が作業にあたった。戦後、米軍が撮影した空中写真などでルートを確認すると、世田谷代田駅の梅ヶ丘側で分岐、上り線に沿って新宿側に進み、世田谷代田駅の外れから左に90度カーブして北上する。そして井の頭線が近付いたところで再び左に90度カーブして井の頭線の下り線に合流した。小田原線側は田畑の広がる田園地帯だったが、井の頭線沿いは住宅もあった。これは非常時ということで強制収用されたようだ。全長６４４メートルとなっている。

１９４５（昭和20）年６月初旬に着工、１９４５（昭和20）年６月20日にまず線路が完成し、同23日には車両の第一陣となったデハ１２０６とクハ１３１８が人力によって移送された。両線の標高差は分岐位置で３メートルほどあり、小田原線から井の頭線に向かって上り勾配となる。線路は中古レールを使い、路盤も簡易的な架設状態。かなり緊張を強いられる作業だったと思われる。その後、架線が張られて一応電化されたが、直接吊架式で、しかもトロリ線は銅線ではなく軟鉄線を代用したものだった。

こうして電車が自力で行き来できるようになり、戦後の1946（昭和21）年上半期まで小田急のデハ1213・1214・1352・1366・1367、クハ1312・1317・1651、さらには国鉄から買収された旧青梅電鉄クハ2・1003、モハ105・503と計14両が応援に入ったようだ。その後、東横線および京浜線（現・京浜急行電鉄）向けとして製造された車両が井の頭線に転用され、1700形・1710形として導入されている。これにより小田原線および国鉄からの応援車両は代田連絡線経

小田原線と井の頭線を結んだ「代田連絡線」
国土地理院空中写真
整理番号　USA
コース番号　M449
写真番号　119
撮影年月日　1947/09/08（昭22）

由で返却され、同線の使命は終えた。

同線は１９５３（昭和28）年９月30日に撤去された。廃線跡はしばしば道路などとして残ることがあるが、代田連絡線では宅地にほぼ組み込まれてしまい、明瞭にわかるものは残っていない。

京王線の俊足をイメージづけた「特急」

京王線では２０１８（平成30）年の「京王ライナー」登場まで「特急」が最も速い列車種別で、京王電鉄の顔ともいえる存在だった。運賃だけで利用でき、特急料金は不要だ。

京王線の「特急」は、京王帝都電鉄時代の１９６３（昭和38）年10月１日のダイヤ改正で誕生した。すでに１９５５（昭和30）年ごろから週末運転の「ハイキング特急」も運行されていたが、定期運転はこれが初めてとなる。

京王線は同年８月に使用電力を６００ボルトから１５００ボルトに変更している。この昇圧に向けて新たに５０００系を開発導入しており、「特急」はこの新型車を使っての運転だった。運転室の窓下には赤地に白文字で「特急」と記された円形マークを掲げ、最高時速90キロで運転、新宿〜東八王子間を40分で結んだ。

京王線の速達列車は、先述のように玉南線との直通運転が行なわれた時代から設定があり、当時の新宿追分〜東八王子間は68分となっていた。戦時中、この運転は途絶えるが、京王帝都電鉄発足翌年の１９４９（昭和24）年から「急行」運転を再開している。この時、新宿〜東八王子間は戦前と同じ68分だったが、徐々にスピードアップし、１９６３（昭和38）年時点では49分まで短縮していた。しかし「特急」は一気にそれを９分も短縮し、躍進する京王帝都電鉄を象徴する列車となったのだ。

ただし、ダイヤ改正までに導入された５０００系・５０７０系（のち５１００系と改番）は合計18両だった。「特急」は20分ヘッドの設定で、その運転には最低６本の編成が必要だった。新型車では６両編成にして３本しか揃わず、在来の２１００系および２７００系の計28両を新型車に準じた塗色に変えて、「特急」運用に組み込んでいる。当初、新型車は４両の短い編成で運転を開始、編成数を増やしたものの、実はニセ新車との遭遇率が圧倒的に高かったのである。

10月16日からは基本編成５０００系×４両と付属編成５０７０系×２両を連結した６両編成の運転も実施している。ここでは基本編成と付属編成の間の貫通扉が開かれ、通り抜けができるようになったが、京王の貫通路使用も初めてだった。

その後、1964（昭和39）年10月19日から最高速度を時速95キロに引き上げて所要37分、1972（昭和46）年4月1日からは最高時速105キロで、所要35分としている。また、2001（平成13）年3月27日のダイヤ改正では最高時速110キロ運転が始まり、下り列車で所要34分となった。ただし、その後は運転パターンの変化などもあって所要時間が延び、現在の新宿〜京王八王子間の最短所要時間は1964年当時のレベルとなっている。

なお、2011（平成23）年の東日本大震災にともなう節電ダイヤではすべての「特急」が一旦運休となった。節電ダイヤ終了後の同年9月23日から土休日の新宿〜高尾山口間1往復が復活したものの、翌年8月19日から再び運休。そして2013（平成25）年2月22日のダイヤ改定でようやく「特急」の運行が再開されている。

また、相模原線では1992（平成4）年5月28日から新宿〜橋本間の「特急」が設定されたが、2001（平成13）年3月改定で一度廃止。やはり2013（平成25）年2月ダイヤ改定で相模原線の「特急」が復活している。

今は思い出の「準特急」

2022（令和4）年3月12日のダイヤ改正まで京王線系統で運行されていた列車種別

準特急の表示。今となっては懐かしい京王らしさの列車種別だった。
写真：交通新聞社

に「準特急」がある。「特急」よりも停車駅が多く、「急行」よりも停車駅が少ない。その中間的な列車種別だった。

この「準特急」という名称使用は例が少なく、国鉄やJRでは皆無のようだ。大手私鉄では昭和30年代の一時期、小田急電鉄や近畿日本鉄道で使用された例がある。ちなみに京王電鉄からこの列車種別が消えた年の暮れから阪急電鉄では「快速急行」を「準特急」に改めて使用しているが、2025（令和7）年1月現在ではこれが唯一だろう。

さて京王電鉄の「準特急」は2001（平成13）年3月27日のダイヤ改正で誕生した。当時のニュースリリースによると、「特急のスピードアップとともに新たな列車種別として

『準特急』を新設し、新宿から特急・準特急を10分間隔で運行」とあり、例えば「急行」で51分かかっていた新宿〜高尾間は「準特急」で42分に短縮されると紹介されている。

基本となるパターンは、平日10〜16時台で毎時00・20・40分に京王八王子行き「特急」が出発、毎時10・30・50分に高尾山口行き「準特急」が出発する。夕方からは「特急」「準特急」とも出発時刻は変わらず、行き先がともに京王八王子となるものだった。日中の列車は調布で「特急」が橋本行き「急行」、「準特急」が橋本行き「快速」に接続する。夕方からは調布の接続パターンが逆転し、なおかつ「準特急」は北野で高尾山口行き「各停」に接続し、利便性の高い設定となったのだ。

ちなみに「特急」のスピードアップは前項でも紹介したように新宿〜京王八王子間が36分から34分としている。

京王電鉄では2011（平成23）年3月11日にもダイヤ改正を実施、早朝にも「準特急」を増発するなどさらにサービスアップをはかったが、奇しくも同日に東日本大震災が発生。電力事情の悪化を受けて節電ダイヤとして「特急」を「準特急」化などして乗り切ったが、一時的にすべての「特急」が設定されなかった時期もある。

2013（平成25）年2月22日のダイヤ改正では「準特急」が土休日限定で停車してい

準特急および特急・京王ライナー停車駅の推移

路線名	駅名	2001.3.27		2006.9.1		2013.2.22		2015.9.25		2018.2.22			2019.2.22			2022.3.12	
		特急	準特急	特急	準特急	特急	準特急	特急	準特急	京王ライナー	特急	準特急	京王ライナー	特急	準特急	京王ライナー	特急
京王線	新宿	●	●	●	●	●	●	●	●	●	●	●	●	●	●	●	●
	笹塚	レ	レ	レ	レ	レ	レ	レ	●	レ	レ	●	レ	レ	●	レ	●
	明大前	●	●	●	●	●	●	●	●	レ	●	●	レ	●	●	○	●
	千歳烏山	レ	レ	レ	レ	レ	レ	レ	●	レ	レ	●	レ	レ	●	レ	●
	調布	●	●	●	●	●	●	●	●	レ	●	●	レ	●	●	レ	●
	府中	●	●	●	●	●	●	●	●	○	●	●	○	●	●	○	●
	分倍河原	レ	●	レ	●	●	●	●	●	○	●	●	○	●	●	○	●
	聖蹟桜ヶ丘	●	●	●	●	●	●	●	●	○	●	●	○	●	●	○	●
	高幡不動	●	●	●	●	●	●	●	●	○	●	●	○	●	●	○	●
	北野	レ	●	レ	●	●	●	●	●	○	●	●	○	●	●	○	●
	京王八王子	●	●	●	●	●	●	●	●	●	●	●	●	●	●	●	●
高尾線	京王片倉		レ	レ	○	レ	●	レ	●		レ	●		レ	●	レ	●
	山田		レ	レ	○	レ	●	レ	●		レ	●		レ	●	レ	●
	めじろ台		●	○	●	●	●	●	●		●	●		●	●	○	●
	狭間		レ	レ	○	レ	●	レ	●		レ	●		レ	●	レ	●
	高尾		●	○	●	●	●	●	●		●	●		●	●	○	●
	高尾山口		●	○	●	●	●	●	●		●	●		●	●	○	●
相模原線	京王稲田堤					●		●	●		●	●	レ	●	●	レ	●
	京王永山					●		●	●		●	●	○	●	●	○	●
	京王多摩センター					●		●	●		●	●	○	●	●	○	●
	南大沢					●		●	●		●	●	○	●	●	○	●
	橋本					●		●	●		●	●	●	●	●	●	●

●：停車、○：土休日運転あるいは乗降制限のある停車、レ：通過、▒：設定なし

た京王片倉などにも停車、高尾線内のすべての駅に停車することで沿線と新宿方面連絡の利便性をアップした。このころ、列車側面の行先表示は「準特　北野」としつつ「北野から各停高尾山口行」の文字も出すなど、わかりやすさを追求している。

さらに２０１５（平成27）年９月25日からは相模原線にも「準特急」を設定するとともに笹塚や千歳烏山にも停車するようになった。笹塚では都営新宿線方面との連絡も取れるようになり、利便性がさらにアップした。

一方、２０１８（平成30）年２月22日から座席指定列車「京王ライナー」が運転されるようになった。この時は「準特急」も増発されているが、その後、「京王ライナー」の増発により、「特急」と「準特急」の差別化が難しくなっていったようだ。

結局、2022（令和4）年3月12日のダイヤ改正を機に「準特急」を「特急」に統合、「準特急」という列車種別が消えたのだ。この時から笹塚・千歳烏山にも「特急」が停車するようになったのである。

なお、この種別統合を惜しむ利用者に向けて同年3月20日に高幡不動車両基地で「準特急ご愛好イベント」を実施、晩年「準特急」に運用されていた8000系および5000系に「準特急」の列車種別を表示して展示している。

京王初の有料座席指定列車「京王ライナー」

京王電鉄では有料座席列車として「京王ライナー」および「Mt.TAKAO号」も運転している。共に新型の5000系を使い、クロスシートにて長距離でもゆったりと乗車できるサービスとしている。

「京王ライナー」は2018（平成30）年2月22日から5000系を起用して運転を開始した京王初の有料座席指定列車だ。この愛称は運転開始に向けて一般から愛称投票されたもので、投票総数約2万4000票から最多の約6300票を得て決まった。シンボルマークは京王ライナーの頭文字となる「K」「L」を5000系にちなむ色調で描き、そこに

「KEIO LINER」とアルファベットを添えたものだ。

座席指定券は、乗車駅のきっぷ売り場の券売機、あるいはスマートフォンやパソコンで購入できる。券売機の場合、発車3分前（京王八王子駅西口は発車1分前）まで購入できるが、座席の選択はできない。スマートフォンやパソコンの場合、「京王チケットレスサービス」への会員登録が必要だが、2025（令和7）年1月現在、乗車7日前の朝7時から自分で座席選択して購入可能だ。さらにクレジット機能付きの「京王パスポートカード」を使えば、一般より1時間早く朝6時から購入できる特典もある。

座席指定料金は2023（令和5）年10月1日の改定で410円となったが、運転開始時は400円だった。また、座席指定券を用意せずに乗車した場合、加算価格の700円となる。この場合、満席だと着席できない可能性もあるが、料金は必要だ。

運転開始時、「京王ライナー」は新宿からの帰宅利用を想定した設定で、平日は20時以降、土休日は17時以降、京王八王子および橋本行きの下り列車各5本だけの運転だった。停車する駅は表に示した通りだが、府中および京王永山以遠の駅から乗車する場合、座席指定料金は不要で、一般の「特急」と同じ扱いで利用できた。この下り列車の扱いは、現在も同様に実施されている。

翌２０１９（平成31）年２月22日のダイヤ改正で京王八王子および橋本発の朝の上り列車も設定され、さらに新宿発の下り列車も増発された。上り列車の停車駅は下り列車と同じだが、各駅とも乗車のみで降車はできないルールとなっている。

なお、２０２２（令和４）年３月12日からは明大前にも停車、朝の上り列車では降車、新宿発の下り列車では乗車ができるようになった。これにより同駅で接続する井の頭線沿線との利用もできるようになった。

運転本数は２０２５（令和７）年１月現在、京王八王子発の新宿行き上り列車は平日６本、土休日３本、新宿発の京王八王子行き下り列車は平日・土休日とも７本の設定だ。相模原線系統では新宿行き上り列車が平日６本、土休日４本で、このうち平日１本が京王多摩センター始発だが、ほかは橋本発となっている。一方、新宿発の橋本行き下り列車は平日13本、土休日10本とかなりの本数が運転されている。なお、新宿〜京王八王子間の所要時間は最速34分、新宿〜橋本間は最速24分となり、同区間を走る「特急」よりもかなり早い。

また、「京王ライナー」運行開始年の11月10日から５０００系を使った臨時列車「Ｍｔ．ＴＡＫＡＯ号」が登場している。高尾山の紅葉に合わせた列車で、当初は高尾山口から新宿行きの片道だけで途中での客扱いはなく、所要時間は最速50分（現在は44分）だった。

一生に一度の列車だった「平成→令和号」

座席指定料金は「京王ライナー」と同額である。

この時は土休日を中心に合計9日間（平日1本、土休日2本）という限定的な運転だったが、5000系の起用は好評を博し、以後、高尾線でもさまざまなかたちで運転されるようになった。

翌2019（平成31）年1月1日の深夜〜早朝には「京王ライナー迎光号」2本が運転された。これは高尾山頂でのご来光に合わせた設定だったが、翌年からは運転本数を増やして「京王ライナー迎春号」として毎年運転されるようになった。

また、同年3月21日から「Mt．TAKAO号」が再び設定された。この時は午前中の新

「京王ライナー」の停車駅

	2018.2.22		2019.2.22				2022.3.12			
	下り	下り	上り	上り	下り	下り	上り	上り	下り	下り
	新宿→京王八王子	新宿→橋本	京王八王子→新宿	橋本→新宿	新宿→京王八王子	新宿→橋本	京王八王子→新宿	橋本→新宿	新宿→京王八王子	新宿→橋本
新宿	■	■	□	□	■	■	□	□	■	■
明大前	↓	↓	↑	↑	↓	↓	□	□	■	■
調布	↓	↓	↑	↑	↓	↓	↑	↑	↓	↓
府中	●	‖	■	‖	●	‖	■	‖	●	‖
分倍河原	●	‖	■	‖	●	‖	■	‖	●	‖
聖蹟桜ヶ丘	●	‖	■	‖	●	‖	■	‖	●	‖
高幡不動	●	‖	■	‖	●	‖	■	‖	●	‖
北野	●	‖	■	‖	●	‖	■	‖	●	‖
京王八王子	□	‖	■	‖	□	‖	■	‖	□	‖
京王永山	‖	●	‖	■	‖	●	‖	■	‖	●
京王多摩センター	‖	●	‖	■	‖	●	‖	■	‖	●
南大沢	‖	●	‖	■	‖	●	‖	■	‖	●
橋本	‖	□	‖	■	‖	□	‖	■	‖	□

●：乗降可、■：乗車のみ、□：降車のみ、↓↑：通過

「Mt.TAKAO」の停車駅

	2018.秋	2019.春		2021.冬	
	上り	下り	上り＊	下り	上り
	高尾山口→新宿	新宿→高尾山口	高尾山口→新宿	新宿→高尾山口	高尾山口→新宿
新宿	□	■	□	■	□
明大前	↑	↓	↑	■	□
府中	↑	↓	■	↓	■
分倍河原	↑	↓	■	↓	■
聖蹟桜ヶ丘	↑	↓	■	↓	■
高幡不動	↑	↓	■	↓	■
北野	↑	↓	■	↓	■
めじろ台	↑	↓	■	↓	■
高尾	↑	↓	■	↓	■
高尾山口	■	□	■	□	■

■：乗車のみ、□：降車のみ、↓↑：通過、＊：「京王ライナー」として運転

宿↓高尾山口がノンストップの「Mt.TAKAO号」となり、午後の高尾山口↓新宿は「京王ライナー」として合わせて3往復、5月26日まで土休日を中心に運転された。帰路の「京王ライナー」は高尾・めじろ台にも停車、さらに京王線内では一般の「京王ライナー」と同じ駅に停車、乗車のみを

受け付ける扱いで新宿へと向かった。

こうして「Mt．TAKAO号」は観光シーズンごとに設定される人気列車となった。なお、2021（令和3）年12月4日からは上下列車とも「Mt．TAKAO号」を名乗るようになり、また上下列車とも明大前に停車するようになった。ただし、下り列車が乗車のみ、上り列車は降車のみの扱いだ。

このほか、2019年の平成31年4月30日から令和元年5月1日にかけて運行された「京王ライナー平成→令和号」をはじめ、5000系は「冬の高尾山ハイキング号」「キッズパークたまどう号」などとしても運行されている。

電車を活用した物流への取り組み

近年、旅客用の新幹線や特急列車を使った物流への新たな取り組みが話題となっているが、京王電鉄でも2024（令和6）年12月10日から実証実験として井の頭線の営業電車を使った商品配送を開始した。

これは高井戸・久我山・吉祥寺の3駅構内にあるコンビニエンスストア「セブン-イレブン」で扱う商品を配送するもので、永福町駅までトラックで運び、ここで電車に乗せ換える。商品はサンドイッチ、サラダ、総菜、麺類など賞味期限の短いものをメインにした内容で、専用カートに積載された状態で渋谷寄りの最後部車両に積み込む。ホームと電車には隙間があるが、これは車いすの乗降で使われるようなステップをかけて行なう。一連の作業は京王グループの京王運輸が担当し、車内では京王運輸の職員が付き添い、各駅のセブン‐イレブンへと運ばれるのだ。今回は午前と午後の１日２回、商品を配送しており、半年ほどの実証実験で今後の扱いを判断するという。

井の頭線では京王帝都電鉄時代に荷物や小荷物の扱いも実施していたが、京王電鉄となってからの商品輸送は初めてだ。また、セブン‐イレブンにとっても鉄道を使った店舗への配送は初めてとなる。

セブン‐イレブンを運営するセブン‐イレブン・ジャパンでは、〝物流２０２４年問題〟などにより物流業界が大きく変化している中、配送トラックの台数や運転手の労働時間の削減に加え、二酸化炭素（ＣＯ２）排出量の削減も期待できるとしている。ちなみに久我山駅では配送用トラックの作業スペースとして駐車場を定期契約しているそうだが、こうした経費の削減も考えられそうだ。

ＩＣカードからＱＲコードへ　進化し続ける乗車券

電車を利用する際の乗車券も時代によって大きく様変わりしている。

21世紀になってからの動きとしては、磁気カードを用いたストアードフェアシステムとして「パスネット」があった。これは所定の金額が使える磁気カードを自動改札機に通すと乗車・降車に合わせた運賃が支払われていくシステムで、１９９０年代に都営地下鉄の「Tカード」、あるいは営団地下鉄（現・東京メトロ）の「SFメトロカード」として限定的な使用が開始され、２０００（平成12）年10月14日から関東地方の私鉄・地下鉄など17社・局の共通乗車カード「パスネット」として運用を開始したものだ。京王電鉄もこのサービス開始時に導入している。ちなみに関東地方ではＪＲ東日本が同様の磁気カードとして「イオカード」を導入していたが、これは「パスネット」との互換性はなかった。

この「パスネット」はデザインを自由に作成できたため、基本パターンだけでなく、オリジナルデザインのカードも各種販売された。京王電鉄もオリジナルカードを数多く作成、コレクションの対象としてももてはやされた。

京王電鉄などで「パスネット」の運用が始まった時代、ＪＲ東日本はＩＣカード乗車券の試験的運用を始め、当初は「Ｓｕｉｃａイオカード」の名称で２００１（平成13）年か

京王電鉄が発売した「パスネット」の例

ら首都圏でサービスを開始した。

こうした技術開発を受け、私鉄・地下鉄などもICカード乗車券導入に向けた準備を開始、2007（平成19）年3月18日からICカード乗車券「PASMO」として首都圏を中心とした鉄道23事業者、バス31事業者で運用を開始した。京王電鉄もこのタイミングでサービスを開始している。なお、このタイミングで「PASMO」と「Suica」は「首都圏ICカード相互利用サービス」としてお互いのエリアを跨いで利用できる設定とされ、さらに電子マネーとしての利用も可能になり、利用者は一気に広まった。それにより翌年1月10日には「パスネット」の発売を終了、同年3月14日で「パスネット」の自動改札機での使用も終了となっている。

その後、「PASMO」サービスの加盟事業者は増え、首都圏や周辺の鉄道・バスなどを利用する際、あるいは買い物などをする際も「PASMO」でまかなえる時代となった。さらに2013（平成25）年3月23日には「交通系ICカードの全国相互利用サービス」が始まり、「PASMO」はほかのICカード乗車券同様、北海道から九州までの加盟事業者で広く利用できるようになった。

こうした「PASMO」をより活用するため、「クレジットカード一体型PASMO」も開発され、京王電鉄では2017（平成29）年3月18日から「京王パスポートPASMOカードVISA」として発行している。

また、ICカード乗車券はその名の通りカード形態だったが、携帯電話やスマートフォンで「おサイフケータイ」機能の活用が始まると、ここにICカード乗車券の機能を搭載するモバイル対応の試みも始まった。これは「モバイルSuica」として2006（平成18）年からサービスを開始、次いで「モバイルPASMO」のサービスも2020（令和2）年3月18日から始まっている。

「モバイルSuica」から「モバイルPASMO」まで10余年の歳月がかかったのは、前者がJR東日本一社だったのに対して、後者は複数の事業者が加盟しているため、その調整が難しかったことが原因のひとつとされている。ちなみに2025（令和7）年1月現在、鉄道は京王電鉄をはじめ28事業者、バスは33事業者が加盟しており、同じ「PASMO」であっても利用の実態は大きく異なっているのだ。さらに加盟事業者が多ければ、構築すべきシステムも巨大になり、その維持管理にも莫大な費用がかかる。とにかくサービス開始までよくこぎつけたと思うほどだ。

また、「京王パスポートPASMOカードVISA」の例を見てもわかるように、近年、

読み取り機が斜めに配置されているのがポイント

クレジットカードにはICチップが組み込まれ、タッチ決済が可能になっている。京王のカードは「PASMO」機能に特化した情報が組み込まれているが、クレジットカードやデビットカードの一般的なタッチ決済を乗車サービスに活用する試みも始まっている。乗車時に自動改札機の読み取り部にかざすことで入場を認識、そして降車時に自動改札機にかざして出場を認識させることで利用した運賃を計算し、これを利用額として決済させるものだ。自動改札機は「PASMO」などのICカード乗車券だけでなく、クレジットカードなどに対応した専用のものが必要となるが、さまざまなブランドのカードに対応させることで利便性が格段にアップする。

京王電鉄では高尾山口駅までの往復割引乗車券となる「高尾山きっぷ」で２０２４（令和６）年３月25日から実証実験を開始した。これは乗車前に駅の自動券売機で「高尾山きっぷ」を使用するクレジットカードなどで購入、そのカードを自動改札機にかざして乗車・降車するものだ。さらに同年11月６日から線内全駅の乗車・降車に対応する一般的な乗車券の実証実験へと拡大している。この場合、事前に乗車券を用意する必要はなく、「ＰＡＳＭＯ」などのＩＣカード乗車券と同じスタイルで利用できる。クレジットカードのブランドはＶＩＳＡ、ＪＣＢなどに限られているが、これは順次追加予定だ。

また、同時にＱＲコードを使った乗車サービスの実証実験も始まった。これはスマートフォン専用の「ＴＡＭａ－ＧＯ　Ｅ－ＴＩＣＫＥＴ」サイトにアクセスして「高尾山さっぷ」「京王線・井の頭線一日乗車券」を購入するもので、購入後、スマートフォンの画面にＱＲコードを表示し、それを自動改札機の読み取り部にかざすことで入場や出場ができるものだ。

現在はいずれも実証実験としているが、本格的運用も目前にある。

安全な運行を支えるシステム

列車を安全に運行することは、鉄道にとって基本であり、かつ最も重要なサービスだ。京王電鉄では安全な運行を支えるため、さまざまな保安システムを導入してきている。

鉄道の安全な運行は、明治期より信号による通行の可否を示すことで維持されてきた。信号機は時代とともに発展してきたが、その一方でヒューマンエラーによるトラブルは皆無ではなかった。そのため、早い時期から機械による支援が研究され、昭和30年代には国鉄を中心としてＡＴＳ（自動列車停止装置）の導入が始まった。これは信号が現示する状況を超えて運行していると自動的に非常ブレーキがかかり、列車を停止させるものだった。

国鉄への導入が進む中、その効果が認められ、１９６７（昭和42）年には当時の鉄道を管理する運輸省（現・国土交通省の前身組織のひとつ）が大手私鉄にもＡＴＳの設置を指示する。この時代、当時の京王帝都電鉄では独自の方式によるＡＴＳ開発を進めており、同年11月には京王線の新宿〜桜上水間で取り付け工事を始めた。これは地上装置と車両に取り付ける車上装置からなり、停止信号に従わなかった場合、非常ブレーキによって列車を停止させるだけでなく、警戒信号・注意信号・減速信号の規程速度を超えた場合にも自動的にブレーキがかかるものだった。さらに終端駅や待避駅では所定位置に停車させるべく、ＡＴＳを応用した過走防止機能も備えていた。

　この京王式ＡＴＳは関係官庁の監査を受け、１９６８（昭和43）年４月から稼働する。その実効性が評価され、翌年６月までに京王線・井の頭線の全線・全車両に設置された。

　また、列車の進路を設定するポイント操作、さらに駅の案内放送や表示などは各駅の扱い所などで個々に取り扱っていたが、これをコンピュータによって一元化して管理する「ＴＴＣ」（列車運行管理システム）が開発され、１９７０（昭和45）年６月から井の頭線に導入された。この時代、井の頭線の運行規模での導入は珍しく、画期的な試みだった。

　井の頭線での運用成果が認められ、１９７３（昭和48）年には京王線への導入が決まる。京王線は路線長も長かったため、３期に分けて工事が行なわれ、１９７５（昭和50）年11月から全線で運用されるようになった。なお、京王のＴＴＣでは駅での乗客案内だけでなく、電車区や車掌区などの全事業所、さらに運行中の列車にも一斉放送が可能で、不測のトラブルに対して迅速な対応ができるようになっている。その後、技術の進歩に合わせて井の頭線と京王線のＴＴＣは更新を続けている。

　さらに京王式ＡＴＳから進化したＡＴＣ（自動列車制御装置）の開発も進められた。これは２００６（平成18）年７月に施行された国土交通省の「鉄道に関する技術上の基準を定める省令等の一部を改正する省令」で、曲線・ポイント（分岐器）・線路終端などに列車が進入する際には、安全上支障のない速度まで自動的に列車を減速させることができる装置の導入が義務付けられた。すでに京王式ＡＴＳで省令の大要をカバーしていたが、さらに安全性を高める施策だった。

京王電鉄では省令公布年度にＡＴＣ導入事業計画を発表、翌年度から作業に取り掛かった。まず、相模原線を先行させて２００９（平成21）年３月から機能確認試験も実施、２０１０（平成22）年３月に運用を開始した。さらに翌年10月に京王線系統、２０１３（平成25）年３月に井の頭線も運用を開始。これによって京王電鉄全線のＡＴＳからＡＴＣへの切り替えを完了している。

コラム

列車位置表示も楽しい「京王アプリ」

スマートフォンで使う鉄道系のアプリといえば、乗換案内やルート案内など移動をサポートしてくれるものがよく活用されているが、京王電鉄ではこうした鉄道・バスの情報に加え、沿線の施設や店舗などの情報も提供する「京王沿線での生活サポート」をめざした「京王アプリ」を配信している。利用料は無料だ。

このアプリは2016（平成28）年3月からサービスを開始、その後、随時サービス追加やリニューアルも行ないながら機能を充実させている。

鉄道関連の情報としては、京王電鉄各駅の時刻表・駅構内図・空き状態も確認できるロッカー・近隣のバスのりばや時刻表などを確認できるほか、目的地までの乗換案内にもリンクしている。駅情報はよく利用する駅を登録することもできるが、スマートフォンGPSの位置情報から周辺の最寄り駅を表示する機能もある。

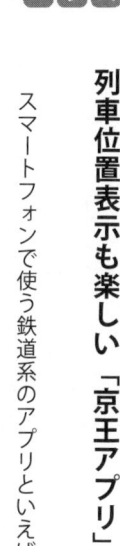

また、列車の遅れなどの運行情報については、アプリを起動しなくても画面に表示するプッシュ機能もあるので、必要に応じて設定しておくと便利だ。

鉄道愛好者の視点から楽しめるのは「列車走行位置」の紹介だろう。現在、京王線では「京王ライナー」「特急」「急行」「区間急行」「快速」「各駅停車」の6種類、井の頭線では「急行」「各駅停車」の2種類の列車種別で運行されているが、路線図の中にそれぞれの列車が列車種別別のアイコンで表示される。列車の位置は更新ボタンをタップすると最新情報に切り替わり、刻々と移動していく列車のアイコンを見ているだけでも楽しい。もちろん、沿線で列車の撮影をする時なども役立つ。

また、この画面で列車や駅名をタップするとそれぞれの詳細な情報が確認できる。万が一、遅れが発生している場合は1分ごとの遅延時分で表示され、そうしたケースの全体的な状況把握も一目でわかる。

なお、京王電鉄では「京王パスポートカード」として京王グループの対象店で提示するとポイントを貯めたり使ったりするサービスも行なっているが、このカード情報を「京王アプリ」に登録すると、スマートフォンがデジタル会員証として使える。ここでは従来、店舗の端末などで確認できたポイントの残高や利用履歴なども表示される。

列車の動きがリアルタイムでわかる京王アプリの「列車走行位置」。

第4章

京王の駅、その意外な生い立ち

かつては地上にあった新宿駅

京王電鉄の基幹路線となる京王線は新宿西口地下から発着している。京王線の新宿駅は、地下1階にコンコースや改札口、そして地下2階にホームといった構造になっている。

これは先にも触れたように昭和30年代に行なわれたターミナルの近代化、甲州街道併用軌道の解消、そして東京都の西口再開発など複合的な事業の集大成として完成したものだ。それ以前の京王線新宿駅は新宿西口の地上部にあったのである。

京王電鉄の前身となる京王電気軌道は起点となる駅を西口ではなく東口に求めた。京王電気軌道が計画された当時、新宿の街は江戸時代の宿場町・内藤新宿から続く甲州街道沿いを中心として栄えていた。現在でいえば新宿三丁目交差点あたりから新宿通りに沿った四谷側となる。すでにJR山手線や中央本線となる鉄道は開通しており、京王電気軌道はそれを跨いで中心部へと延伸していった。そして1915（大正4）年には新宿三丁目交差点にほど近い甲州街道の道路上に新宿追分として停留場を設け、ここを起点としたのである。

ただし、電車の運行が活発になると起終点が道路上では不便で、さらに関東大震災による復興の妨げにもなった。そこで道路に隣接した用地を求め、1927（昭和2）年から新宿ビルディングと呼ばれる駅ビルも備えたターミナルとしたのである。

その後、駅名は1930（昭和5）年に新宿追分から四谷新宿、さらに1937（昭和12）年に京王新宿と名前を変えていった。さらに京王電気軌道は東京急行電鉄と合併するが、この場所が京王線の起点であり続けた。

残念ながら戦時中の1945（昭和20）年5月25〜26日の空襲で、京王新宿駅や天神橋変電所などを被災して機能焼失となる。京王線は数日後から運行を再開したが、電力不足による電圧降下で国鉄新宿駅を跨ぐ葵橋を渡れない事態が発生した。やむなく新宿駅の西側の甲州街道上にあった新町停留場での折り返し運転としたが、国鉄などへの連絡も不便だった。そのため、東京急行電鉄では運輸逓信省と協議、線路を甲州街道から新宿駅西側、小田急線駅のわきに引き込み、新たな駅を設置することになった。

この用地は関東大震災後の都市計画時、国鉄新宿駅の拡張を見込んで確保されていたものだ。新宿駅付近の京王線は甲州街道上を走っていたため、現在の西新宿1丁目交差点で北向きにほぼ直角にカーブさせ、国鉄新宿駅、そして当時は東京急行電鉄となっていた現在の小田急電鉄小田原線に隣接するかたちで京王線の駅を設置した。この工事は陸軍工兵隊の手により実施され、同年7月24日から駅名も新宿として使用されている。

なお、東口の京王新宿駅の用地は戦後に再開発され、現在では京王新宿追分ビル、京王新宿三丁目ビルとなっている。京王帝都電鉄時代、ここに本社を置いていたこともある。

さて西口に設置された京王線の新宿駅は、戦後まもなく撮影された写真を見るとホームは木造による櫛形の行き止まり式で3面2線構造だったようだ。ホーム番号は13・14番線とされていた記録もあり、降車専用ホームがあったのかも知れない。のちにホームは石造りとなり、線路とホームは増設されていく。最終的に5面4線、番線も13・14・15・16となっている。また、ホーム上屋は当初設置されていなかったが、昭和20年代後半には各ホームとも2〜3両分ほどの上屋がかけられている。

戦後の京王線では2〜3両での運転だったが、やがて小型車では5両、中型車では4両といった運転も行なわれるようになり、新宿駅のホームも延長されていった。すでに地下化の構想も立てられていたようで、1955(昭和30)年ごろの写真を見ると延長部は木造でつくられている。

改札口は現在の西口広場に面した線路の終端側にあり、バラック平屋構造の駅舎が建てられている。西口から都庁に向かう現在の中央通りが整備されるのは1955(昭和30)年ごろだが、西口広場は戦後まもなく整備が始まったようだ。ヨドバシカメラの界隈は小

1947年9月の航空写真。地上駅とその周辺の建物の様子がよくわかる。
右端には元の京王新宿駅も写っている

地上時代の新宿駅。現在はこの場所に京王百貨店が建っている
写真提供：京王電鉄

さな住宅が並んでいるが、広場や京王線新宿駅のまわりには早い時期から並木の植栽もあり、戦後の復興を印象づける景観となっている。

駅舎の屋根には「京王線・新宿駅」と記した大きな看板が掲げられ、その下に「桜ヶ丘・野猿峠・高尾山」の文字が見える。昭和20年代後半になると京王線では沿線観光地への乗客誘致に取り組んでいたことがわかる。そして1958（昭和33）年に多摩動物公園が開園すると、この看板の文字は「多摩動物公園・野猿峠・高尾山」と変わる。

このころには湘南顔の電車も行き交うようになり、新しい時代をめざす京王帝都電鉄の躍進が始まっていくのだ。

京王線新宿駅の地下化

新宿駅西口に設置された京王線新宿駅は、京王帝都電鉄の基幹ターミナルとなった。国鉄への乗り換えも戦前に比べて便利となり、京王線の需要も右肩上がりに伸びていった。ちなみに京王線で見ると、輸送人員は京王帝都電鉄発足の1948（昭和23）年から10年間で2倍近い伸びを示している。その多くが新宿駅に集まるわけで、京王線では編成両数を増やすなどで輸送力を確保していたが、すでに昭和20年代後半から抜本的な対策が必要とされていたのである。

かくして新宿駅を地下化することで近代的なターミナルとして再構築することになった。計画決定や認可にいたる京王帝都電鉄およびその周辺の背景は第1章でも記したが、〝神武景気〟と呼ばれた1956（昭和31）年には地下駅化計画が決定して工事に対する申請が出された。これは1958（昭和33）年までに認可が下り、同年から用地買収に着手した。

地上時代の京王線新宿駅は国鉄新宿駅にあった長方形の敷地に対して斜めに線路を敷設するかたちで構築されていた。当時の京王線は甲州街道の中央を走っており、そこからの引き込みカーブの制約から斜めになったものと思われる。しかし、新宿駅地下化に合わせて近隣区間の地下化も行なわれ、ここでは甲州街道から50メートルほど南側からのアプローチとなる。これにより長方形の敷地に対して効率的な駅のレイアウトができることになった。なお、甲州街道南側とは玉川上水の地下で、その水路に沿ったかたちで鉄道を通すものだった。ちなみに京王線の地下化に合わせてこの付近の玉川上水は暗渠化されている。

新宿駅および周辺の地下化工事は1959（昭和34）年11月に着工している。当初の工事区間は新宿駅約170メートル、地下路線約400メートル、地下から地上に上がる取り付け部約275メートルの合計延長845メートルとなっていた。新宿駅は地下2階に位置し、構内面積は約6000平方メートル、将来的に18メートル級7両編成を4本収納できる櫛形ホームとして建築されている。

この地下化工事は、4線5面ホームで運行されていた駅の直下につくるもので、工事中もその運行は止められない。そのため、工事は地上部の施設を仮受けするところから始まった。

これはいったん、線路を外し、仮受け用の仮桁を架設、線路を再設置していく。また、ホームは木造の仮ホームとされた。これは電車の運行が終了した夜間に実施されている。レール以外の部分はすべて板が敷き詰められた写真も残っているが、これは線路が再設置された状態で、その下では掘削が始まっていたのだ。

駅構内全体の仮受けが終えたところで、今度は柱となる部分を井戸のように掘削していく。そして所定位置まで掘り進めたところで、柱を完成させてしまう。この作業は井戸の中で行なうようなもので精度は出しにくいが、ここではなんと最大誤差4ミリという極めて高い精度で施工されたそうだ。

こうして柱が完成したところで線路やホームを支えている仮桁を柱に載せ替え、今度は柱の周囲を全面的に掘削していった。これは「深礎工法」と呼ばれる工法で、当時は施工例も少なかったという。工程が厄介で工期はかかってしまうが、全面的な掘削は構造を支える基本部を完成させてからの作業となるため、安全性が高い。京王帝都電鉄では営業運行を続ける中での工事として特に安全性を第一に配慮していたのだ。

こうした新宿駅の地下化に向けた工事と並行して東京都が行なっていた新宿駅西口広場の詳細計画もまとまり、ここに接続する工事も1961（昭和36）年5月に着工となった。

また、同年10月ごろには東京都から京王線と環状6号線を立体交差化する計画が出された。これは東京オリンピック開催に向けた事業で、新宿駅から900メートルほど地下化したものをさらに延長させるものだった。竣工はもちろん東京オリンピックに合わせねばならず、その目標は1964（昭和39）年8月とされた。

京王帝都電鉄では超特急で基礎設計や測量を進め、1962（昭和37）年10月に着工している。この延長は初台駅の先までとされたが、この区間は京王帝都電鉄の用地および玉川上水用地の充当でまかなえるため、用地取得の必要がなかった。竣工目標までの時間は短かったが、速やかに着工できたのは幸運だった。

こうして工事中にさまざまな調整や変更があったものの、1963（昭和38）年4月1日には新宿駅およびおよそ900メートル区間の地下線が完成、ここを先行開業した。

京王百貨店となる駅ビル地上部分の工事はここから本格スタートとなったが、新宿駅西口広場に面した駅部分の暫定的な運用は始まった。京王線ではこの時から5両編成の運転も開始、同年中に6両運転と拡張している。

ちなみに地下駅完成時点で京王線の昇圧は行なわれておらず、アイボリーホワイトの5000系も運用開始前だった。当初、新しい地下ホームに発着したのは湘南顔の2000系などすべて緑色の車両だった。中間車には戦前から運用されてきた中型車も混結され、泥臭い雰囲気が残っていたのである。

そして同年8月4日には600ボルトから1500ボルトへの昇圧が行なわれ、5000系の運転が始まった。この日から新宿地下駅が華やかな印象に変わっていったのだ。

それから1年余り、文化服装学院のわきで地上に抜ける運転が行なわれたが、1964(昭和39)年の6月7日に地下化工事は初台駅の先まで完成、新宿〜初台間の約2キロの地下化が完了した。これにより環状6号線を含む約10か所の踏切がなくなった。

なお、新宿〜初台間には京王電気軌道時代から続く急なSカーブが残っていたが、地下化の際に解消となった。こうした減速区間の解消も受けて東京オリンピック会期中の10月14日にダイヤ改正を実施、最高速度を時速85キロから90キロにアップしている。さらに京王線新宿駅の地上部に建設されていた駅ビルも完成、同年11月1日に京王百貨店として開店された。

激変してきた渋谷駅界隈

現在、渋谷駅周辺では「100年に一度の再開発」として大規模な再開発が進行中だ。渋谷は京王電鉄井の頭線の起点にもなっており、工事の進捗でその連絡部分などが日々激変している。

井の頭線の渋谷駅は帝都電鉄によって1933（昭和8）年8月1日に開業している。基本的な位置は90余年を経た現在も変わらないが、駅の構造や規模は時代と共に変化してきた。帝都電鉄開業前からの渋谷駅や界隈の様子を見てみよう。

基幹となる山手線の渋谷駅は、1885（明治18）年に日本鉄道によって開設され、日本の鉄道としても長い歴史を持つものだ。当初の渋谷駅は現在より南側に位置し、JR東日本ホテルメッツ渋谷のあたりとなっていた。これは1920（大正9）年に現在の位置へと移動している。

渋谷駅に連絡する鉄道としては、1907（明治40）年に「玉電」として親しまれた玉川電気鉄道（のち東京急行電鉄玉川線）が開業した。第3章などでも紹介したが、当初は玉川砂利電気鉄道として多摩川の砂利輸送も行なっていた鉄道で、大正期の地図を見ると渋谷駅に砂利置き場も描かれている。現在、ハチ公広場となっている部分で、ここには山手線からの貨物線も引き込まれていた。さらに1911（明治44）年には東京市電（のち東京都電）の青山線が宮益坂を下って渋谷駅の東側まで延伸してきた。

大正時代、玉川電気鉄道は東京市電との直通の便をはかるため、軌間を1067ミリから1372ミリに改軌、さらに渋谷駅移転時に高架化された山手線の下をくぐって東側に抜け、明治通りを南進する天現寺線（のち東京市電が運行）も開業した。一方、東京市電の青山線はやはり山手線の下をくぐって渋谷駅西口へと延伸、砂利置き場のわきで玉川電気鉄道に接続している。この延伸は関東大震災のあった1923（大正12）年のことだが、地震より半年早い3月に運行を開始している。

国鉄渋谷駅の移転、そして玉川電気鉄道と東京市電との直通体制ができたことで、砂利置き場は不要となり、西口の変貌が始まっていく。当初の規模は小さかったが、駅前広場が整備され、ここで山手線、玉電、そして市電の相互の乗り換えもできた。人の往来も増え、繁華街となっていくのだ。

震災の翌年、当時の渋谷町に住んでいた東大農学部の上野《うえの》英三郎《えいざぶろう》教授が秋田犬を飼い始めた。ハチと名付けられ、朝夕渋谷駅まで教授を送迎するようになった。教授は１９２５（大正14）年に急逝されるが、ハチは１９３２（昭和７）年まで待ち続けた。これを称えて１９３４（昭和９）年に忠犬ハチ公の像がつくられたのだ。ハチはその翌年に生涯を閉じている。

ハチが渋谷駅に通っていた時代、現在の東急東横線となる東京横浜電鉄が開業、１９２７（昭和２）年には渋谷駅の東口まで延伸してきた。そして１９３３（昭和８）年に帝都電鉄が開業して西口に渋谷駅が設置された。井の頭線が産声を上げたのである。

すでに渋谷駅西口は繁華街として大小の屋波が続いており、帝都電鉄は玉川電気鉄道に隣接して用地を求め、ホーム２面を４線で挟むターミナルとして計画した。しかし、用地の制約からホーム３面３線に改めて建設している。また、渋谷はその地名のように渋谷川によって形成された谷となっている。帝都電鉄は渋谷トンネルによって台地を抜けて渋谷の谷に入り、そのまま水平に駅を設置した。これにより駅構内の大半は高架となり、改札口などは２階に位置する構造となっている。

玉川電気鉄道は地上を走り、東口へと抜けていたが、１９３７（昭和12）年には東西を分断、天現寺線を分離営業するが、のちに東京市電へと委託された。こうして「玉電」は帝都電鉄に並んだ位置を起点とあらため、合わせて西口駅部分の再開発にとりかかった。

当初は7階建てのビルを計画したが、日華事変の進展を受けて4階建てに縮小し、1938（昭和13）年12月には「玉電ビル」として完成している。さらに同年12月20日には東京メトロ銀座線となる東京高速鉄道も渋谷まで延伸を果たし、玉電ビルの3階に発着するようになった。東京高速鉄道は地下鉄なのに駅を3階部としたのは、帝都電鉄同様、渋谷の地形を配慮した設計によるものだ。また、玉電はビルに並行してかさ上げされ、1939（昭和14）年6月から地下鉄階下の2階に発着するようになった。これは帝都電鉄の改札口があった2階と同レベルで、同年9月20日には帝都電鉄駅と連絡橋が設けられ、3線相互の乗り換えが便利なターミナルとして機能するようになったのである。

戦時中、東京急行電鉄となっていた井の頭線は戦災によって壊滅的な状態になっていたが、京王帝都電鉄として発足した後に本格的な復旧が行なわれた。その作業は施設から車両まで多岐にわたり、最初の渋谷駅の復旧は木造による簡易的なものに留まっていた。1953（昭和28）年11〜12月にも集中工事が行なわれているが、3両編成での運行がメインとなり、さらに当時1日16万人もの利用がある駅としては手狭だった。

井の頭線では４両編成での運行を計画しており、それに向けた改良として渋谷駅ビルの建設が計画された。１９５８（昭和33）年10月に着工、１９６０（昭和35）年４月、外装をアルミサッシで統一した近代的イメージの「渋谷駅ビル」として完成した。地上５階、地下１階という規模で、２階の改札口を抜けたコンコースからは玉電ビルを改築した東急百貨店西館に接続し、山手線・東急玉川線・地下鉄銀座線へ、さらに山手線を越えて東急東横線への乗り換えも便利になった。そして翌年11月から４両運転も始まった。

その後、井の頭線では輸送力を増強するため、１９７１（昭和46）年４月から５両編成の運転を開始、同年12月からは急行運転も開始した。これらの施策は有効ではあったが、渋谷駅では改札口が終端部１か所だけで混雑に拍車をかけることになった。なお、編成の拡大に合わせて渋谷駅ではホーム１面を２線で挟む構造に変えて対応している。

こうした体制で乗り切ってはいたものの、抜本的な改良が必要なのは明らかだった。しかし、帝都電鉄渋谷駅で開業した時代、玉電、そして地下鉄銀座線が至近に寄り添うかたちで設置されていた。玉電用地は電車廃止後、東急バスのりばやバス専用道となっていたが、総合的な土地再開発となると京王帝都電鉄、帝都高速度交通営団（現・東京メトロ）、東京急行電鉄（現・東急）と３者の意見調整が必要で、それに長い時間を費やすことになった。

京王電鉄内では新宿駅に次いで乗降客が多い渋谷駅。有人改札時代の混雑はつとに知られていた　1992.12.1 写真：交通新聞社

最終的に井の頭線の駅を東急バス専用道上に駅用地を広げ、さらに線路の終端部を100メートルほど吉祥寺寄りに移設することで、20メートル車5両編成の発着できる駅とするものとし、1994（平成6）年4月に着工した。この時代、渋谷駅では1日36万人もの利用者があり、その流れを途絶えずに作業するのは大変だった。

こうした需要に合わせ、ホーム2面2線の頭端式だが改札口まわりのスペースを大きく拡大し、ラッシュ時の対応もしやすいものとしている。また、ホーム1面は降車専用とし、中央ホームはゆとりのある幅としている。

この改修工事の途上、仮設ホームで20メートル車5両編成が発着できるようになり、

1996（平成8）年1月から20メートル車1000系の営業運転を開始している。さらに同年7月には新設した西口の運用も開始した。駅部分は翌年12月に竣工となったが、3者による駅まわりの再開発は続けられ、京王帝都電鉄から京王電鉄への社名変更後の2000（平成12）年に「渋谷マークシティ」としてグランドオープンしている。これに合わせて渋谷マークシティの3階部にも改札口が設けられ、西口の流動性がさらに良くなった。

調布駅付近の連続立体交差化

現在の京王線は、下り列車の場合、柴崎駅を出て野川を渡った先で地下へと入り、国領・布田・調布は地下駅として設置され、その先で地上に上がる。調布駅では相模原線も分岐しているが、やはり調布駅を出たところで地上へと抜ける線形となっている。

これは「調布駅付近連続立体交差事業」として2012（平成24）年8月19日に地下線へと切り替えたものだ。事業計画では、京王線の柴崎～西調布間の延長2・8キロ（都市計画決定区間としては約3・8キロ）、相模原線の調布～京王多摩川間の延長0・9キロ（同約1・1キロ）の区間を地下化し、鶴川街道や狛江通りなど合計18か所の踏切をなくして交通渋滞を解消すると共に鉄道・道路の安全性を向上させ、さらに線路で隔たれていた地域の一体化をめざすとされた。

調布駅付近の連続立体化は昭和期から企画され、当初は高架化で実施する構想も立てられたが、実務に向けた環境が揃わず1975（昭和50）年にいったん断念した経緯がある。その後、地元の調布市では第6代調布市長となった吉尾勝征氏が熱心に動き、1998（平成10）年に都市計画事業として国の認可を得た。事業主体は東京都建設局となり、2002（平成14）年2月に地下化として都市計画変更、翌年3月に事業認可を取得、2004（平成16）年9月に着工している。工事は地下線への切り替えを経て、地上設備の撤去などを行ない2014（平成26）年度で事業完了となっている。総事業費は約1149億円で、京王電鉄・国・東京都・調布市の四者で分担した。

この地下化によって国領・布田駅は共に地上時代の相対式ホームから島式ホームへと変更された。調布駅は地上時代に島式ホーム2面4線だったが、地下化に当たってホームを2段構造とし、地下2階に下り線の島式ホーム、地下3階に上り線の島式ホームと変更している。この3駅では地下化と共に京王線初のホームドアが設置された。

なお、調布駅はホームの2層化で複雑な構造となったが、1・2番線となる下りホームに対しては京王電鉄コーポレートカラーの青、3・4番線となる上りホームは同じく赤を、案

調布駅西側、地下化された相模原線の廃線跡付近の新宿方を望む。線路らしいカーブが残っている

内表示やエスカレーターの手すりや天井などにあしらい、誘導の助けとしている。この案内表示には黒帯に白い四角が連続した飾り帯がついているが、これは映画フィルムのパーフォレーションをイメージさせたもの。駅名標などではそのままフィルム的に表現されたものもあるが、これはかつて「東洋のハリウッド」とも称された「映画のまち調布」にちなんだデザインだ。

　また、調布駅の地下化および2階層化は、列車の運行上も大きな変化をもたらした。地上駅時代の調布駅では京王線と相模原線が平面交差しており、京王線下り列車出発と相模原線上り列車到着が同時にできないなどの制約があったが、これが解消したのである。一方、以前は調布駅折り返し列車も設定されていたが、地下駅では折り返し設備が設けられず、これはつつじヶ丘駅まで延長運転、あるいは回送などの扱いで対応している。

コラム

駅で展開する京王電鉄のさまざまなサービス

京王電鉄の駅では、電車での移動サービスだけでなく、利用者を応援するさまざまなサービスを展開している。

近年、全駅での展開となったのは傘のレンタルだ。2021（令和3）年3月に井の頭線全駅でサービスを開始したのを皮切りに2023（令和5）年9月までに全駅にレンタルスポットを設置している。これは傘のシェアリングサービス「アイカサ」による運営だが、どのスポットで借りても、どのスポットに返してもいい。廃棄処分されるビニール傘の削減による環境負荷の低減をめざしたものだ。

2022（令和4）年7月から試験的な運用が始まったのはベビーカーのレンタルサービスだ。これは全国展開する「ベビカル」によるものだが、現在のところ井の頭線の吉祥寺駅、相模原線の京王多摩センター駅にスポットがある。京王電鉄では、子育てファミリーが楽しめる「京王れーるランド」や「京王あそびの森」などを運営しているが、こうした子育て世代が外出しやすい環境を整える取り組みのひとつだ。

こうしたサービスは京王電鉄と外部パートナーとの共創によるものだが、ほかにもこうした取

使用済みきっぷのリサイクルでつくられた「エコベンチ」

り組みが行なわれている。例えば2024（令和6）年5月からは井の頭線の一部駅を中心に「古着回収BOX」が設置されている。これは「ヒトカラメディア」との共同による実証実験だが、回収した古着はリサイクル品として活用させ、衣類循環型社会の構築をめざすものだ。

京王電鉄のリサイクル事業は各方面に展開されているが、1999（平成11）年から始まった使用済みきっぷのリサイクルも有名だ。トイレットペーパーとしてリサイクルされ、京王電鉄全駅のトイレで使用してきた。さらに翌年からは樹脂の含まれる定期券からPET（ポリエチレンテレフタレート）を抽出してリサイクル・ベンチ

ベンチの背には、再利用された旨の案内シールが貼られている

「エコベンチ」もつくっている。使用済み定期券を原料のひとつに使った駅ベンチは日本初の試みで、京王電鉄では200基導入して各駅で使用してきた。経年もありベンチのリニューアルも行なっているが、2016（平成28）年からは間伐材を使った木製ベンチの導入も実施している。

また、駅構内の案内板は、駅売店などで回収された飲料用ペットボトルをリサイクルした樹脂を活用している。

第5章

私の沿線散歩
～京王にハマる、とっておきスポットへ

京王電気軌道時代の京王新宿駅跡地

京王電鉄の前身となる京王電気軌道は、京王線の整備を進める中、新宿駅の東側に起点を設けた。新宿追分と命名され、現在の明治通りと新宿通りの新宿三丁目交差点至近の明治通り上にあった。当時の京王線は、その一部が道路上の併用軌道を走る路面電車として運行されており、新宿追分では道路上で電車が折り返していたのである。

ちなみにこの時代と現在では道路状況が異なり、甲州街道の新宿御苑トンネルはなかった。そのため、当時の甲州街道は新宿四丁目交差点から明治通りへと入り、そして新宿三丁目交差点から新宿通りへと入るルートだった。京王線の電車は甲州街道上で折り返していたことになる。また、新宿三丁目交差点からJR駅側に向から新宿通りが青梅街道だった。

京王線の需要が増えてくると道路上の折り返しでは手狭になってきた。さらに1923(大正12)年の関東大震災後の復興に向けて、東京初の環状道路が整備されることになった。これが現在の明治通り(環状5号線)である。この環状道路上に京王線の駅があるのも不都合とされ、京王電気軌道は至近に用地を求め、ここを新たな新宿追分駅として整備することにした。駅は新宿四丁目交差点から東北方向に斜めに設置されている。

新宿東進当初の京王線は国鉄新宿駅を単線の専用橋で跨いでいたが、関東大震災に合わ

甲州街道の新宿四丁目交差点から望む「京王新宿追分ビル」。現在はIKEAなどの商業施設としても活用されているが、ビルの屋上部には「KEIO」のロゴが掲げられている

せて国鉄新宿駅の改修が行なわれ、南側の木造だった甲州街道の跨線橋もコンクリート陸橋となった。京王電気軌道は国と折半するかたちで費用を出し、この陸橋を複線の併用橋としている。こうして京王線の線路は複線となって新宿追分に達し、構内では4線としてターミナルにふさわしい規模となっている。

なお、この駅には鉄筋コンクリート造り、地下1階・地上5階建ての「京王ビルディング」も建ち、国内でも例の少なかった駅ビルとなった。

戦時中、第3章などで紹介した西口への移転があり、新宿追分駅は廃止さ

京王線新宿駅の変遷

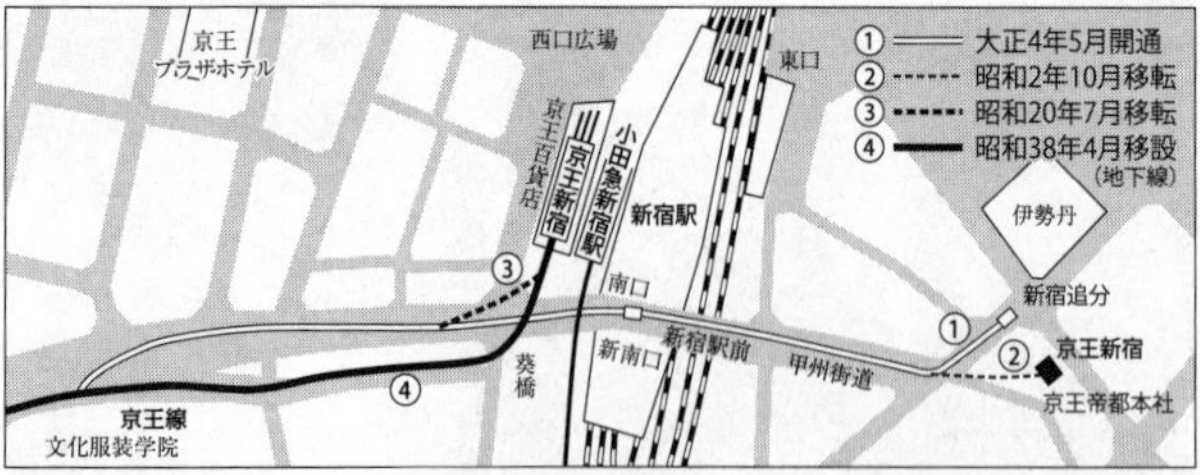

れた。京王帝都電鉄として東京急行電鉄から分離の際、この駅用地は京王に移管され、1988（昭和63）年に聖蹟桜ヶ丘移転まで本社として活用された。現在、駅用地は道路で分断され、甲州街道側は「京王新宿追分ビル」、新宿通り側は「京王新宿三丁目ビル」などとなっているが、この地は京王電鉄にとってその発祥地ともいえる場所なのだ。

余談だが、京王新線に直通する都営新宿線はこの旧駅用地の直下を通じている。

新宿駅構内に残る廃線跡

京王線の起点となっている新宿駅は1963（昭和38）年4月1日に地下化された。

完成当初は18メートル車6両編成に対応する5面4線の配置だった。その後、1968（昭和43）年11月1日から7両編成、1975（昭和50）年10月20日からは8両編成の運転

新宿駅３番ホームの下に残る線路遺構。２番ホームの笹塚寄り先頭付近から見ることができる

も始まっている。これに合わせて新宿駅でも改修が行なわれているが、同年の８両化は18メートルから20メートルへと車両の大型化もあり、駅構造を４面３線と大きく変更している。さらに１９８２（昭和57）年11月８日からは20メートル車10両編成の運転も始まり、それに向けて現在の３面３線の構造になっている。

こうした構内の改修は営業列車を走らせながら行なうこととなり、作業時間の制約も大きい。そのため、使用されなくなったレールは通常撤去されるが、やむなくそのまま残した部分もある。その名残となる線路は現在も３番線ホーム下などに残っており、降車ホームから見ることも可能だ。こ

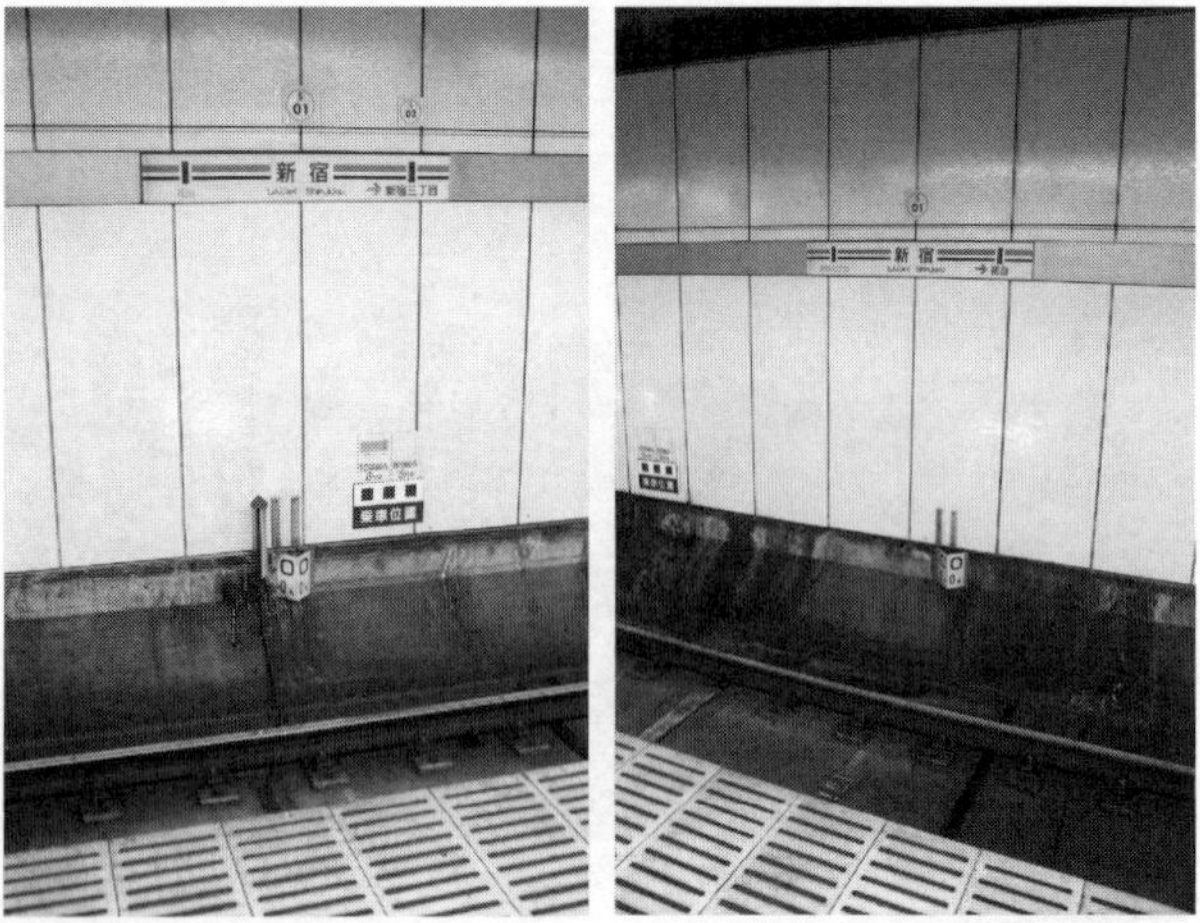

新線新宿駅にある２つの「０キロポスト」。左が５番線側、右が４番線側

の線路は１９７５（昭和50）年の４線から３線化した際のものと思われる。

新線新宿駅にある京王新線と都営新宿線の境界点

京王新線と都営新宿線は共に新宿駅を起点とし、その境界は新線新宿駅の中ほどにある。この境界点には両線の共用となる「０キロポスト」が設置されており、それとわかる。新線新宿駅では上り線および下り線の両方に位置している。ホームからも視認できるが、どちらも駅名標の直下なので容易く見つけることができるだろう。

通常、キロポストは下り方向左側に設

置するので、新線新宿駅の場合、５番線側が都営新宿線、４番線側が京王新線の０キロポストとなっているのかも知れない。

新宿〜笹塚間　地上走行時代の痕跡めぐり

新宿駅界隈の京王線は、１９６３（昭和38）年以来、数次にわたって地下化による線路改良工事を行なっている。新宿駅から笹塚駅まで約３・６キロ、現在でもその大半の区間で地上に残った旧線の跡地をたどることもできる。

地上時代の京王線新宿駅は、現在の京王百貨店の位置にあり、隣接するルミネ新宿店のルミネ１の出入り口付近から西新宿一丁目交差点に向かって甲州街道に出て、しばし道路上を走行していた。交差点内をカーブしてほぼ90度に曲がり、地上走行時代の京王線を象徴するポイントだった。また、戦後に行なわれた甲州街道の拡幅時、京王線はこの交差点部分から甲州街道中央部に設置された専用軌道を走行していたが、その面影はみじんもない。

甲州街道を進み、文化服装学院の前から左にカーブしながら専用軌道へと入っていく。現在、同学院前の広場に玉川上水跡のモニュメントが残されているが、このあたりで玉川上水を渡り、上水の右岸に沿って走っていた。この先は玉川上水と線路跡が合わせて緑道公園として整備されており、そのルートをたどることができる。緑道の途中、南側に京王電鉄天神橋変電所があるが、1945（昭和20）年までこのあたりに天神橋駅もあった。

緑道は西参道で分断され、散策は迂回を余儀なくされるが、そのまたどることができる。ちなみに創業時の京王電気軌道の本社はこの界隈に設置されていた。創業間もなく移転しているが、共にこの近所だ。

京王線は西参道のあたりで玉川上水を渡り、左岸に沿って進む。西参道を渡ったところで緑道の一部が駐車場になっているが、このあたりにやはり1945（昭和20）年まで西参道駅があった。

この先、山手通りでも緑道は分断される。このあたりの緑道には、鉄道用の柵と思われる構造物もかなり残っている。さらにその根元などを観察すると境界柱もいくつか発見できる。現在の「ＫＥＩＯ」ロゴを入れた境界柱もあるが、京王帝都電鉄時代の社紋を入れたものも残り、当時を語る貴重な証拠となっている。

また、玉川上水に架けられた道路橋の欄干が残っているところもいくつかある。そのひとつ、改正橋の位置がかつての初台駅だった。ちなみに開業当時は改正橋と呼ばれ、大正時代に初台と改称されている。

①甲州街道の西新宿一丁目交差点。正面がルミネ新宿店、左奥に隣接して京王百貨店がある。この場所が京王線の新宿駅で、この交差点をカーブして走り抜けた

②文化服装学院の前で甲州街道から専用軌道へと入っていく。「叡智と慈愛の女神像」の奥に続く「玉川上水旧水路緑道」が玉川上水とそのわきを走っていた京王線の線路跡だ

③玉川上水旧水路緑道を少々進み、文化服装学院を振り返ったところ。このあたりがかつての天神橋駅で、現在は緑道わきに京王電鉄天神橋変電所がある

④京王電鉄天神橋変電所

新宿〜笹塚間
地上走行時代の
痕跡めぐり

叡智と慈愛の女神像
廃線跡（玉川上水旧水路緑道）の入口

⑤「玉川上水旧水路緑道」沿いに残るコンクリート製の柵。その形状から鉄道用地を囲っていた柵と想像する

⑥「玉川上水旧水路緑道」わきにあった「KAIO」ロゴの入った境界柱

⑦「京王帝都電鉄」時代のロゴが入った境界柱も残っていた

⑧笹塚付近で地上に出る。右側は新宿駅に向かう上り線。左側の地下を京王新線および京王線の下り線が走っている

京王線新宿駅の変遷

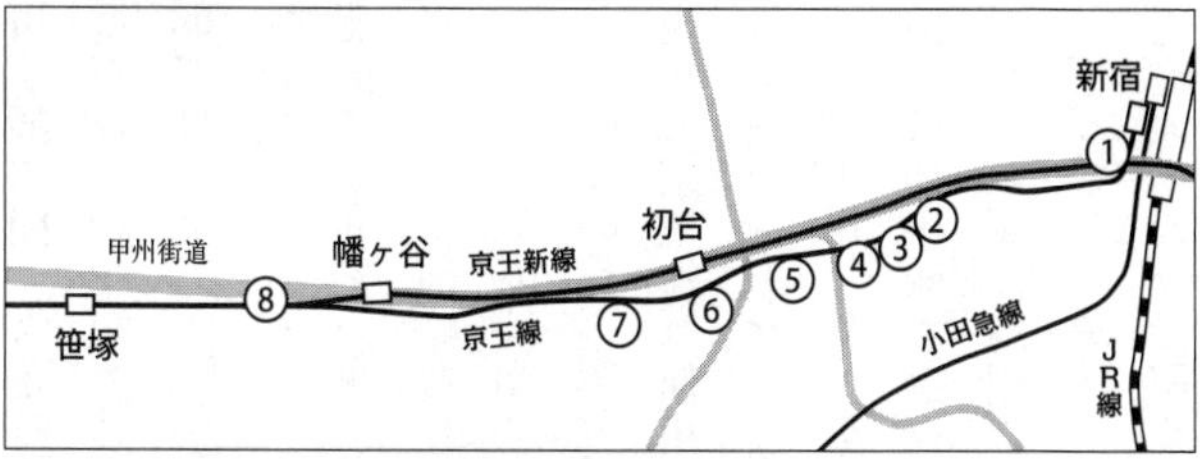

初台駅は１９６４（昭和39）年６月７日に地下化されている。さらに１９７８（昭和53）年10月31日には京王新線が開通、京王線から京王新線の駅へと移設された。地上時代から数え三代目の駅となるわけだ。ちなみに京王線時代の地下駅はホームが残っており、走行中の車内から見ることもできる。

１９７８（昭和53）年まで初台駅を出たところで京王線は地上に抜け、甲州街道と玉川上水の間を走っていた。この部分も今では玉川上水と合わせて公園化されている。

本町一丁目交差点で南に蛇行する玉川上水と分かれ、京王線は直進していく。このあたりも緑道化されているが、途中から駐車場となる。この先に１９７８（昭和53）年まで幡ヶ谷駅があったが初台駅と同時に京王新線の地下駅と切り替えられた。さらに進み、京王線や京王新線が地上に姿を現し、高架になった笹塚駅へと駆け上がっていく。

仙川〜調布間　大正時代の痕跡めぐり

京王線の調布駅界隈は２０１２（平成24）年8月19日に地下化されているが、仙川〜調布間では１９２７（昭和２）年にも大規模な線路変更が行なわれている。

実は仙川〜つつじヶ丘間で国分寺崖線を横切ることになり、開業当初はこの地形を避けて北側に迂回するルートをとっていたのである。ちなみに「国分寺崖線」とは多摩川によって形成された河岸段丘の崖で立川市から大田区までおよそ30キロに渡って続いている。京王線のルートでは20メートル近い標高差の斜面となり、当時の鉄道にとっては厳しい地形だったのである。すでに一世紀近い時が流れ、旧線の痕跡をたどるのは難しい。

現在の京王線は仙川駅の手前から切通しで勾配を緩和しながら崖線へと抜けていく。旧線探索とは離れてしまうが、仙川駅の南西５００メートルほどにある実篤公園を歩くと、当時、京王電気軌道が直面したであろう険しい崖線を実感することができる。

旧線は仙川駅を過ぎ、仙川キユーポート（もとキユーピーマヨネーズ仙川工場）の南側付近から甲州街道側に進路を変える。仙川キユーポート西側から甲州街道に向かって一直線に下っていく道がかつての線路跡だ。入口はちょっと電車が走ったとは思えない勾配で、周辺宅地化の際に調整されたのかも知れない。ちょうど甲州街道の新道と旧道の分岐点あたりで当時の京王線は甲州街道に抜け、ここから併用軌道として西進していた。現在位置に移動してからつつじヶ丘と改名する金子駅はこの道路上にあった。

さらに甲州街道を西進、菊野台交番付近から甲州街道と分かれ、専用軌道となる。その先にある調布自動車学校の敷地を横切っており、教習コースから細長く続く駐車場が線路跡だ。ちなみに駐車場の出口から佐須街道を跨いで反対側に柴崎駅があった。この先の線路跡はすっかり宅地化され、地上を歩いていてはわからないが、航空写真を見ると道路とは向きの違う建物が点在することに気付く。これが線路跡だ。ただし、それをたどることはできないので、いったん甲州街道に戻り、野川を渡ったところで右岸沿いの遊歩道を進む。野川の右岸に調布市立第七中学校があるが、電車は体育館の位置を斜めに走り抜けていた。中学校の敷地内に「京王電車この地を通る」「元京王電車ここを通る」と記された2つの碑が立っているが、それを結ぶ形で走っていたのだ。

体育館の南端付近から南西に向かう道がのびているが、これも線路跡だ。ただし、この道も途中で線路と違う方向に進み、線路跡をたどれるのはわずかな区間だ。

甲州街道に戻り八雲台二丁目交差点から北に向かう路地を入ると、クランク状に曲がったところに「京王線国領（北浦）駅跡」の碑が立っている。周囲は宅地化されており、こ

①仙川キユーポート西側と甲州街道を結ぶ線路敷きを活用した道路

②調布市立第七中学校の野川沿いに立つ「京王電車この地を通る」の石碑

の碑だけが往年を偲ぶ頼りとなる。この碑に記された説明では「国領」と「北浦」と併記した理由を地元の要望による改名としているが、京王帝都電鉄や京王電鉄に残る記録では「北浦」の駅名は一切出てこない。ただし、1917（大正6）年に測量され、1919（大正8）年に発行された大日本帝國陸地

④「京王線旧国領（北浦）駅跡」の碑

③石碑のわきにある説明

仙川～調布間の廃線跡

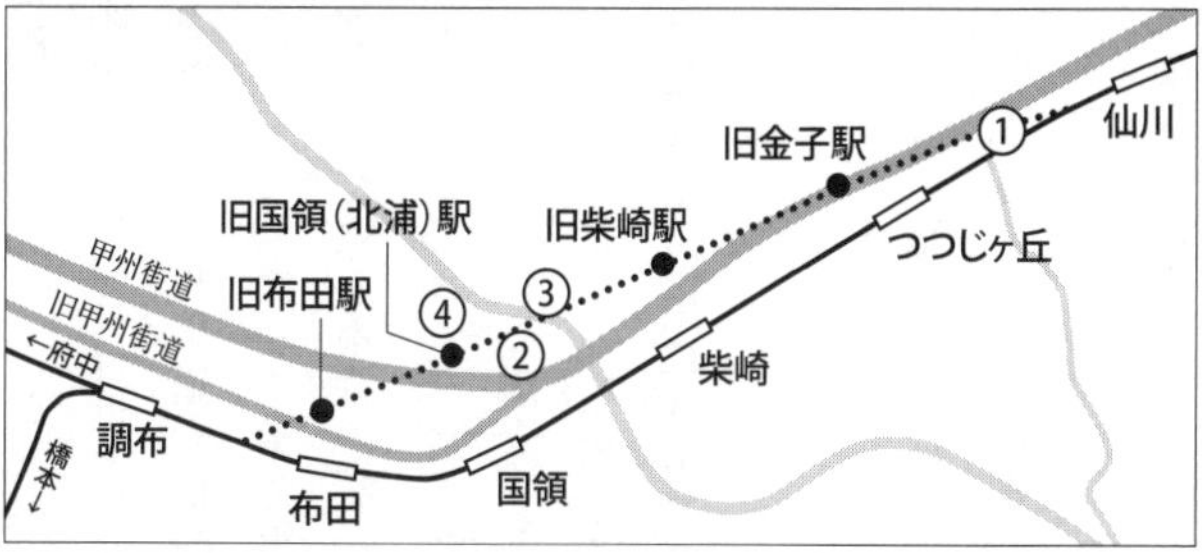

仙川～調布間　大正時代の痕跡めぐり

京王線国領（北浦）駅跡の碑

調布市立第七中学校にある石碑

仙川キユーポート西側～甲州街道の廃線跡

測量部の2万5000分の1地形図「溝口」には「きたうら」と記載されている。なお、この地形図と照合すると駅の位置はもう少し西側の八雲台通り付近と思われる。

この先、線路は直進して東京スバル営業所のあたりで甲州街道を横断、甲州街道の旧道わきにある長楽院常性寺前の交差点まで一直線に走っていたが、その痕跡は皆無で古い地図との比較で想像するだけだ。ちなみに京王帝都電鉄や京王電鉄の記録では、交差点の北側には1917（大正6）年に布田駅が新設されたとあるが、先述の地形図「溝口」では「こくりやう」として駅が記されている。疑問は残り、さらなる調査の楽しみが続く。

なお、線路は交差点から直進して、現行ルートに合流していたが、先述のように界隈は2012（平成24）年に地下化されてしまい、さらに歴史の中に埋もれていくことだろう。

高幡不動尊境内「玉南電氣鉄道記念之碑」

高幡不動尊として知られる高幡山明王院金剛寺には、京王電鉄前身のひとつともなる玉南電気鉄道を紹介した「玉南電氣鉄道記念之碑」がある。高幡不動駅から参道を歩いて境内に入りすぐ、常香炉の南側にある。

高さ6メートル近い大きな石碑で、碑文には玉南電気鉄道の創設から現在の京王線府中

〜京王八王子間に相当する府中から八王子までの鉄道建設に至る経緯や工事の様子、そして京王電気軌道への合併などが詳細に記されている。

この碑文は1927（昭和2）年10月付で「元玉南鐵道株式會社社長勲四等井上篤太郎撰」とある。第1章でも紹介したが、井上篤太郎は専務取締役として京王電気軌道を経営していたが、その延伸に向けた補助金を得るアイディアを実行すべく別会社として玉南電気鉄道を起こし、開業後に京王電気軌道へ合併させたものだ。残念ながら井上の描いた思惑は外れ、碑文には「不幸補助法ニ據ル補助ヲ得ス」と記され、その悔しさが現れている。

高幡不動尊の境内にある「玉南電氣鉄道記念之碑」

「京王れーるランド」に展示されている実物車両。左から6000系、3000系、5000系、2010系、2400形

この碑を前にすると今日の京王電鉄の礎となる一世紀前のできごとがリアルに浮かび上がってくる。

歴代車両も保存展示「京王れーるランド」

京王電鉄動物園線の多摩動物公園駅に隣接して「京王れーるランド」がある。親子で鉄道のしくみや魅力を体験してもらおうというコンセプトでつくられた京王電鉄直営の施設だ。２０００（平成12）年に開設されたが、京王電鉄開業１００周年を記念して２０１３（平成25）年にリニューアルされている。

ここでは前身の京王帝都電鉄時代から活躍してきた実物の電車５両をはじめ、電車の運転や車掌の仕事などを体験できる展示がなされている。一部の車両は車内見学も可能で、京王電鉄の歩んできた歴史に触れることができる。

北野～京王八王子間にある不思議な橋台

京王線は北野駅を出発、右に大きくカーブすると左手にＪＲ横浜線が近付いてくる。しばし並走、横浜線と離れていった直後、京王線の左側に台形上のコンクリート構造物が現れる。こうした構造物に興味のある方ならすぐに鉄道や道路の橋台と見当がつくが、構造物の裏側は普通の住宅が並んでいる。さらに京王線を跨ぐ橋であれば、線路の右側にも橋台があるはずだが、それはない。実はかつて京王線を跨いでいた鉄道の線路跡なのだ。

この鉄道は明治時代に創業した煉瓦工場と八王子駅（当時は甲武鉄道）を結ぶ専用線だった。工場は京王線北野駅の北東側に位置し、１８９７（明治30）年に八王子煉瓦製造会社として操業を開始している。この時代、中央本線の八王子以西は建設最中で、１９０１（明治34）年にまず八王子～上野原間で開業した。八王子煉瓦製造のレンガはこの建設資材として重宝されたと思われる。

明治末期、八王子煉瓦製造は関東煉瓦を経て大阪窯業に買収されたが、レンガの製造は続けられた。この間、製品搬出を円滑にすべく八王子駅に続く専用線をつくっている。なお、1908（明治41）年にはJR横浜線が横浜鉄道として開通している。専用線はその途中から分岐する線形となっており、横浜線の建設と同じタイミングだったのかも知れない。

この専用線は京王線と交差する位置に敷設されており、大正時代に玉南電気鉄道による建設が始まると交差部の処理が問題となった。通常、後から敷設する鉄道が対応するが、京王線予定地付近の横浜線や専用線は築堤を使った高い位置に敷設されており、専用線に乗越橋を設けて京王線はその下をくぐることになった。現在残っている橋台は1925（大正14）年の玉南電気鉄道府中〜東八王子間開業に向けてつくられたものなのである。

なお、大阪窯業によって操業が続いていたレンガ工場は1932（昭和7）年、起こした火災をきっかけに閉鎖となり、専用線も1937（昭和12）年には廃止された。工場跡地は専用線も含めて別の企業が買収、新たな工場建設をめざしたが、実現せずにくだんの橋台を除いて撤去されてしまったのである。

住宅街に橋脚が残る「御陵線」跡

京王電気軌道は「御陵線」という支線を運行していたことがある。大正天皇崩御により

橋台は今も残る

北野～京王八王子
間にある橋台跡

橋台の位置

八王子　レンガ工場廃線跡

八王子市に多摩御陵（現・武蔵陵墓地）が造営されると全国から大勢の参拝者が訪れるようになり、その輸送手段のひとつとして開業したものだ。路線は京王線北野駅を起点として多摩御陵前駅までの6・4キロ、1931（昭和6）年3月から運行を開始している。ただし、太平洋戦争時の1945（昭和20）年に運転休止、その後、再開されることはなかった。

現在、北野〜高尾山口間を結んでいる高尾線は1967（昭和42）年に開業したものだが、この建設に当たっては御陵線の跡地が活用された。北野〜山田間はほぼそのまま転用されており、途中の京王片倉駅や山田駅も御陵線時代に駅があった位置に設けられている。その後、御陵線はめじろ台駅の手前で北に大きくカーブして高尾線と別のルートへと進んでいた。このカーブの線路跡は一部が耕作地として活用されている。

線路跡はめじろ台団地の北東側を走る道路・山田町並木線へと変わり、JR中央本線の下をくぐって甲州街道（国道20号線）の並木町交差点へと抜ける。ただし、御陵線時代は中央本線を跨ぐ形で、道路として整備されるまで中央本線の前後に築堤が残っていた。

御陵線から離れるが、並木町交差点から東に向かって200メートルほど進むと長安寺がある。この境内の参道に使われている敷石も京王に関連がある。昭和初期、八王子と高

武蔵中央電気鉄道の敷石が残る長安寺

道路・山田町並木線のわきにあった京王帝都電鉄時代の境界柱

尾を結ぶ路面電車が甲州街道を走っていた。晩年は京王電気軌道の傘下に入る武蔵中央電気鉄道で、1939（昭和14）年に廃止されてしまった。長安寺参道の敷石は、この路面電車の軌道敷石を転用したものと伝えられている。

さて、御陵線は甲州街道も架道橋で渡り、続いて浅川を渡っていた。御陵線廃止後、橋台は河川改修とともに撤去されてしまったが、橋脚が左岸住宅地の中に2つだけ残っている。

この先は宅地化によって痕跡は消えているが、現在の武蔵陵墓地に向かう参道が大きくカーブするあたりに終点となる御陵前駅があった。御陵の玄関口にふさ

住宅地の中に残る御陵線の橋脚跡

京王御陵線

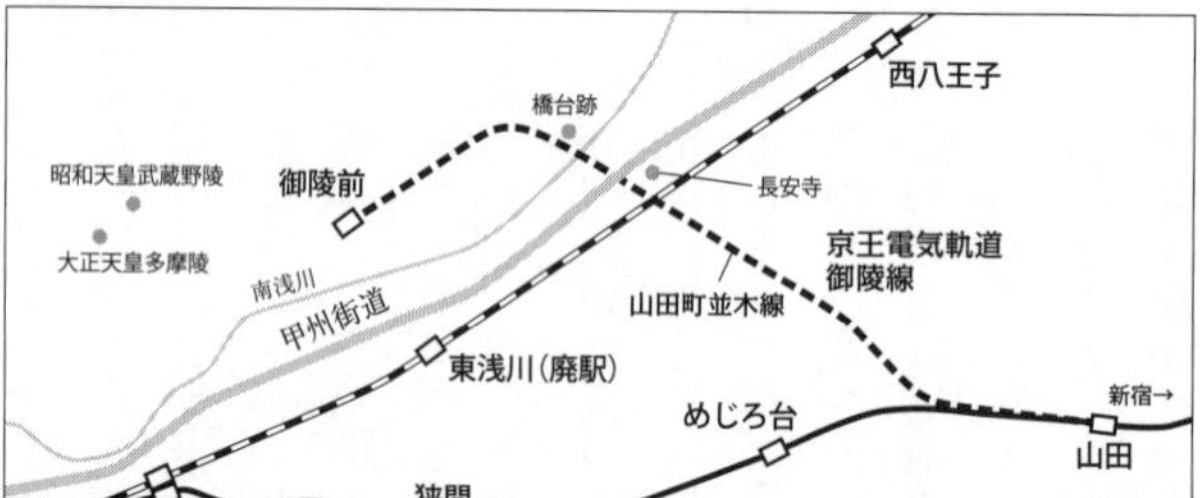

住宅街に残る橋脚が残る「御陵線」跡

橋脚遺構

高尾線からの分岐点

わしい寺社造りの駅舎を構えていた。地図によると慈眼寺の西隣りあたりだが、一帯の宅地化で痕跡はない。

井の頭線建設でもっとも苦労した渋谷トンネル

井の頭線には渋谷トンネルと神泉トンネルと2本のトンネルがある。前者は渋谷～神泉間で全長347メートル、後者は神泉～駒場東大前間で全長265メートルとなっている。共に1933（昭和8）年の開業に向けてつくられたもので、京王電鉄にあるトンネルとしてはもっとも古いものとなっている。

渋谷駅は第4章でも紹介したが、渋谷川の谷に位置している。西側に続く武蔵野台地の丘陵部を抜けて谷に入るため、この部分がトンネルとなったのだ。ただし、渋谷トンネルではトンネル上部から地上までの厚みが最小3メートル足らず。トンネルではなく切通しとしてもよさそうなものだが、『土木工事画報』の1993年2月号によると建設当時、該当地域の大和田・円山・神泉ではすでに街並みが形成されており、沿線市民への影響を少なくするため、トンネルを選択したとされている。

地上までの厚みが少ない場合、地下鉄などではいったんすべて開削、トンネル構造完成後に埋め戻す工法がとられるが、渋谷・神泉両トンネルでは、地上部の街並みを崩さぬため山岳トンネルと同じく横に掘り進めていった。工事は落盤を起こさぬよう慎重に行なわれ、単線馬蹄形が2本並ぶ形態に仕上げられている。なお、トンネルの内壁には硬質で吸水量の少ない八幡製鉄所製の鉱滓レンガを使用している。この鉱滓レンガは関東地方では初めての使用例だった。

渋谷トンネルの渋谷駅に面した入口側80メートルは1974(昭和49)年の複線化、さらに2000(平成12)年に完成した渋谷マークシティの建設と共に行なった渋谷駅改良工事でも変化してしまったが、神泉駅に面した出口側は内巻補強が施されているが、基本構造は当時のままだ。

なお、渋谷駅の拡張によって駅とトンネルがくっついてしまったように思われているが、実は数メートルの開口部がある。日中、ホーム端からトンネル方向を見ると明るくなっているのでわかる。また、雪が降ると、その部分だけ帯状に積もることもあるとか。

また、神泉トンネルは神泉駅と共に変化している。開業当時、神泉駅は神泉トンネル手前の切通し部分にホームを設置していた。渋谷トンネル側に踏切があるため、ホームの延長が困難で、車両編成が延びた後、当駅では吉祥寺側2両のドアを締切扱いで対処してい

渋谷駅ホームから見た渋谷トンネル。明かり区間の手前は渋谷駅の構造物、明かり区間の先が渋谷トンネルとなる

神泉側の渋谷トンネル出口。トンネル上部から地面までの厚みが極めて薄い

た。１９９５（平成７）年にはトンネル内にホームを延長して、20メートル車５両編成対応とした。さらに翌年12月には橋上駅舎が完成し、まるで駅舎部からトンネルに入るような姿に変わっている。

駒場駅のホーム遺構

井の頭線の駒場東大前駅は、東大前駅と駒場駅の２駅を統合、その中間部に設置されたものだ。

東大前駅は１９３３（昭和８）年開業時に東駒場駅として開設された。その位置は現在の駒場東大前駅よりやや渋谷寄り、神泉２号踏切に接する位置だった。東京大学教養学部の前身となる第一高等学校が１９３５（昭和10）年９月にこの地に移転となったため、直前の８月10日に一高前駅と改称している。１９４９（昭和24）年５月公布の『国立学校設置法』で第一高等学校は東京大学教養学部となり、当時の京王帝都電鉄では１９５１（昭和26）年12月１日に東大前駅と改称している。

駒場駅も同時に開設され、駒場東大前駅より吉祥寺側、駒場東大前第１号踏切に接する位置に設置された。当初は西駒場駅と呼ばれたが１９３７（昭和12）年に駒場駅と改称さ

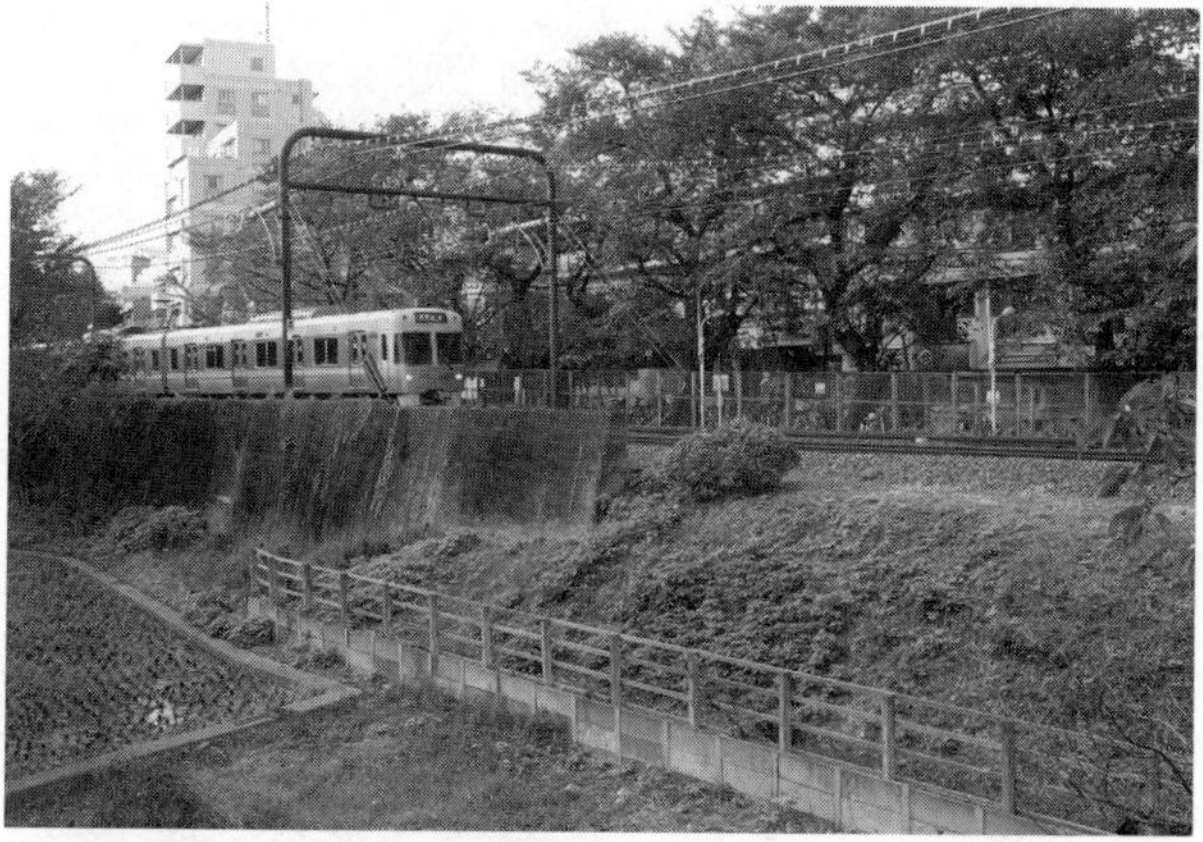

ケルネル田んぼのわきに残る駒場駅跡

駒場駅跡

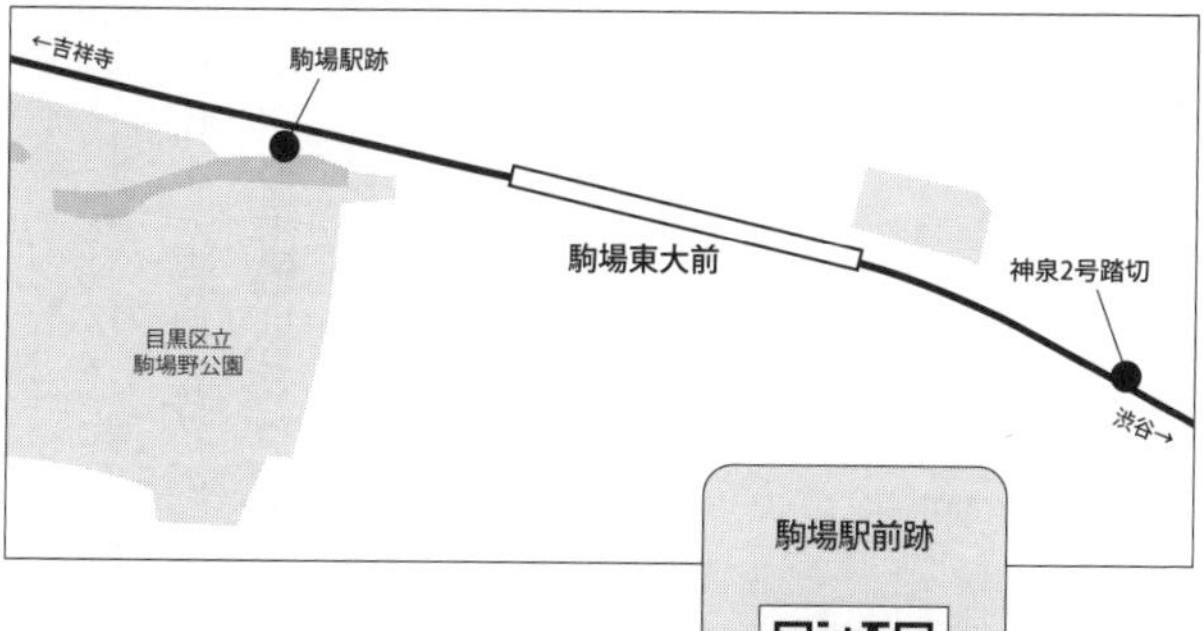

れている。

両駅の間隔は出入り口となる踏切位置で400メートル少々。ホーム端同士では300メートルほどだったと思われる。井の頭線では1964（昭和39）年に全列車を4両化しているが、この時にホーム延長の改修も行なわれ、両駅の距離はさらに近付いた。そのため、1965（昭和40）年7月11日に両駅を統合して現在の位置に駒場東大前駅として再設置したのだ。

島式ホームだった東大前駅の遺構は残っていないが、相対式ホームだった駒場駅のホーム構造の一部が残っている。ホーム下にはケルネル田んぼが広がっている。これは1978（昭和53）年まで当地にあった東京教育大学の実習用施設で、近代農業を日本に伝えたドイツ人農芸化学者の名前を冠したものだ。現在も耕作が行なわれており、井の頭線の車窓で見られる唯一の田んぼとなっている。

第二山手線計画の夢も残る「玉川上水橋」

井の頭線の前身となる帝都電鉄は、山手線の外側をめぐる環状路線、通称「第二山手線」を計画していたが、それは明大前駅で井の頭線と接続する予定だった。そのため、井の頭線建設時から明大前駅やその前後区間は複々線の用地を確保して建設されている。

明大前駅の周辺は台地となり、井の頭線はここを切通しで抜けている。台地上にはすでに開業していた京王線があり、また国道20号線となる甲州街道、さらには都心部への水道水を供給する玉川上水もあった。切通しで井の頭線の線路位置を下げ、立体交差させるという考えだったのである。

さて複々線の痕跡だが、京王線、甲州街道、そして玉川上水との交差部に残っている。京王線との交差部は明大前駅構内となるが、エレベーターなどの設置スペースとして改装され、ちょっと判りにくい。また、甲州街道との交差部も甲州街道跨線橋の改築で、単に線路わきのスペースが広いだけとなってしまった。玉川上水橋、あるいは玉川上水水路橋や井の頭線跨線橋とも称される玉川上水との交差部に往年の姿が残っている。鉄筋コンクリート（RC）ラーメン構造の水路橋で、都内現存唯一のRC水路橋ともいわれている。

車内や明大前駅ホームからも遠望できるが、明治大学和泉キャンパス正門前から続く緑地帯を井の頭線方向にたどるといい。これは暗渠となった玉川上水で、線路を跨ぐ部分が玉川上水橋だ。鉄筋コンクリートによる複数の橋脚で支えられた構造がよくわかる。井の頭線は複線だが、この構造物は複々線対応で建設されているのだ。井の頭線は明治大学側

永福町駅から明大前駅に向かう車内から見た「玉川上水橋」。下をくぐる線路は複々線で設計され、左側2線が「第二山手線」用の用地

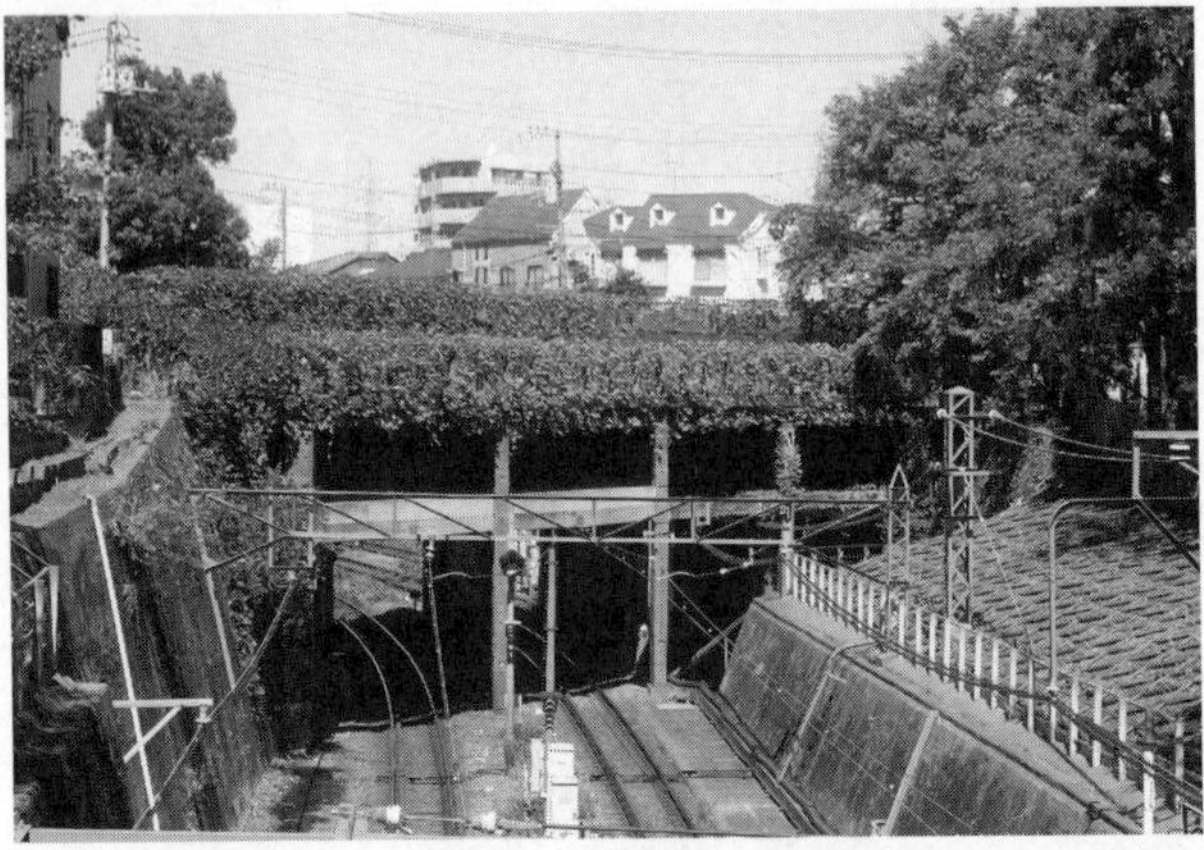

甲州街道から望む「玉川上水橋」。玉川上水はこの付近で緑道として整備されており、緑のトンネルといった趣

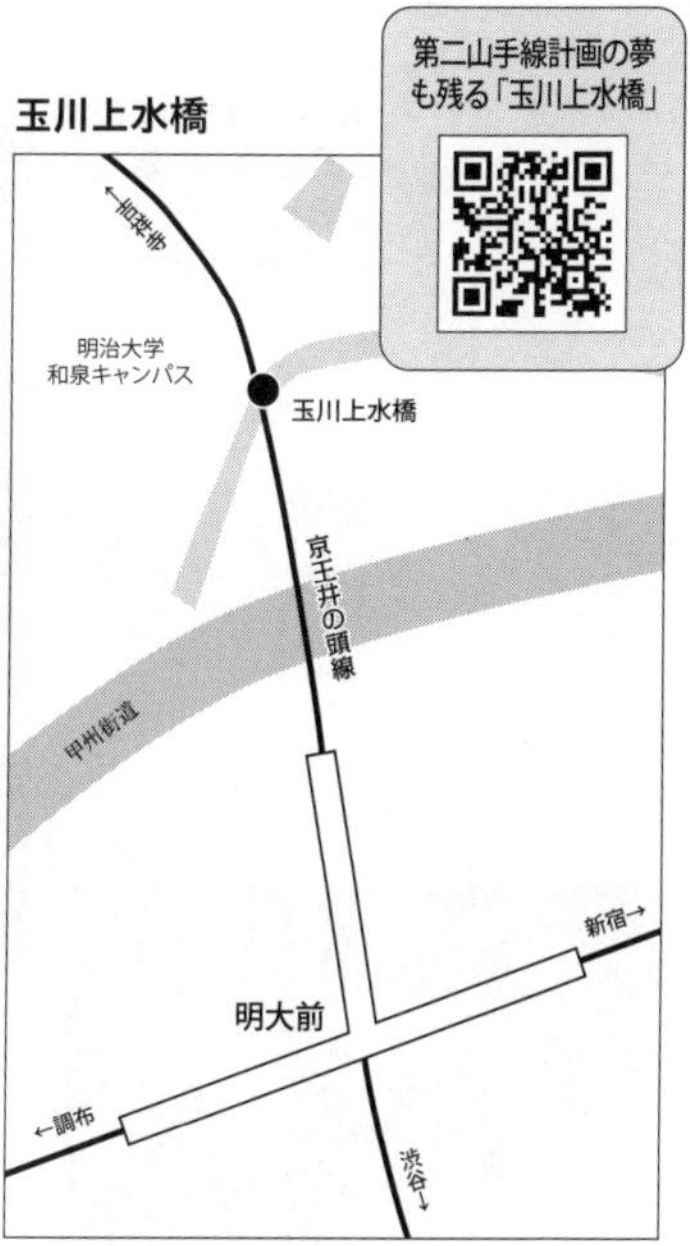

の2線を走り、道路側の2線は空き地となっている。

明大前駅を出た帝都電鉄の環状線は、このあたりまで井の頭線と並んで走り、この先で右にカーブして中野方向に進む計画だった。また、渋谷側では井の頭線が東松原駅に向かってカーブするあたりで直線状に南下、小田急の梅ヶ丘方向に向かう予定だった。こちらも井の頭線の線路わきにまるで廃線跡のような空き地があるが、たぶんここに線路を敷く予定だったのだろう。

親柱に建造年が記された陸橋

井の頭線の久我山〜三鷹台間は切通しとなり、途中に3本の跨線橋が架かっている。このうち、三鷹台寄りの1本、「銀蔵橋」は帝都電鉄開業時から使われてきたものだ。

井の頭線を跨ぐ陸橋
「銀蔵橋」。親柱に
「昭和八年七月造」
と記されている

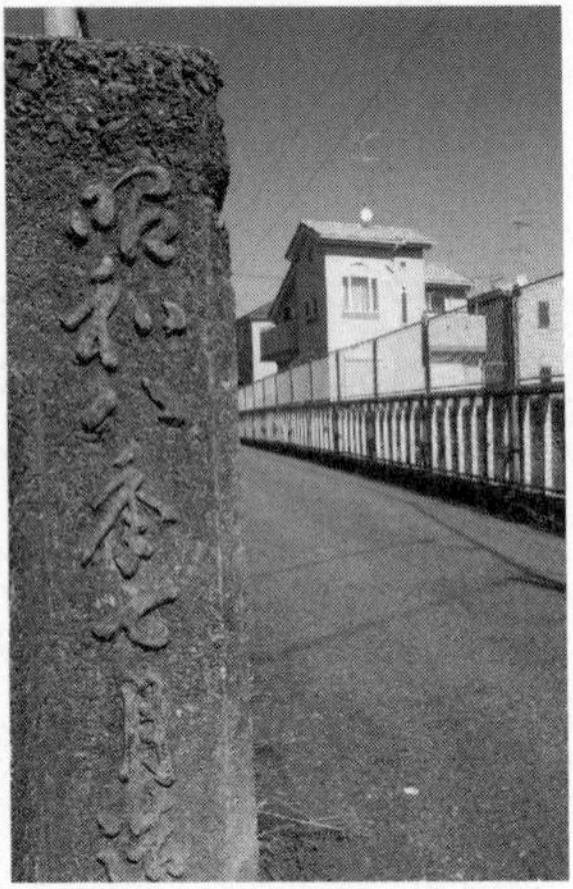

「銀蔵橋」全景

親柱に建造年が
記された陸橋

銀蔵橋

２トン車以上通行禁止とされた小さな道路橋だが、橋の四隅に立つコンクリート製の親柱には橋の名称と建造年がレリーフで記されている。向かって右に橋の名前、左に建造年が記され名前は南側が「ぎんざうばし」、北側は「銀蔵橋」、建設年は「昭和八年七月造」とある。この区間の鉄道は同年８月１日に開業しており、運転開始の直前に竣工したようだ。

橋に個人名が付けられているのは、この地に住んでいた秦銀蔵氏のためにつくったからと伝えられている。実は帝都電鉄は建設の際、大半の用地取得を所有者からの寄付でまかなっており、この場所は銀蔵氏が提供、その見返りに架けられた橋と想像したい。橋脚は人道跨線橋によく見られる古レールを組んだものだ。

橋桁に銘板が残る神田川橋梁

井の頭線は井の頭公園駅を出てすぐ、井の頭公園内で神田川を渡り、終点の吉祥寺駅へと向かう。この神田川橋梁は、鉄板を組んだ桁を使うプレートガーダー橋で、桁の側面に銘板が残っている。「東京竹内清鉄工所製作昭和七年拾月」の文字が読める。当然のことながら、桁は開業前に製造され、この地に運び込まれたのだ。橋脚は近年の耐震化工事で空間が埋められてしまったが、建設当時の写真に残るアーチ型の形状がちゃんと残っている。

井の頭公園内で神田川の源流部を渡る

神田川橋梁の橋桁に残る銘板。地上から見上げた位置にある

井の頭公園　神田川橋梁

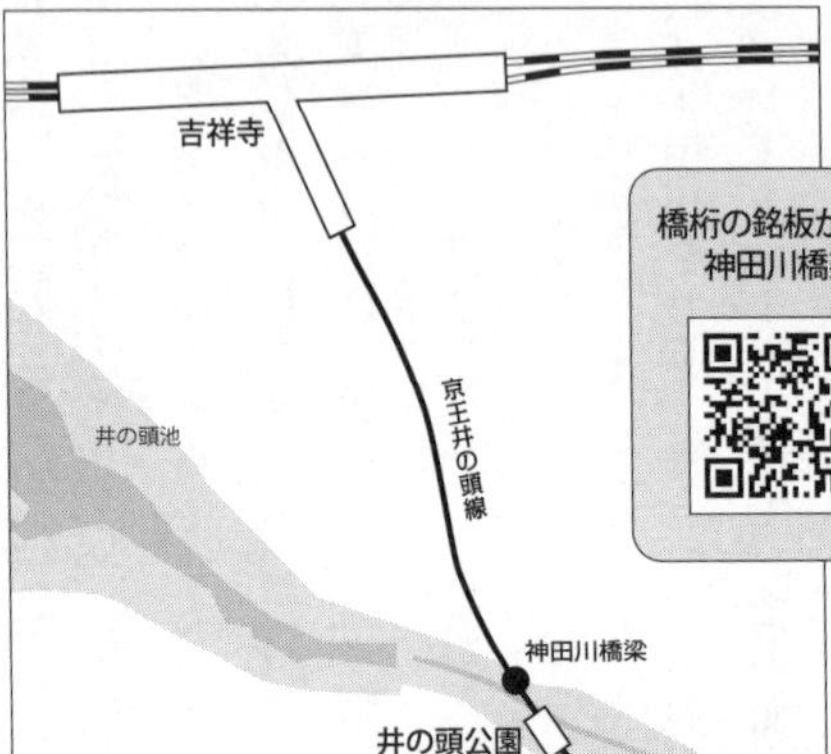

コラム

高架化工事で見納め　笹塚～仙川間の地上駅

現在、京王線の笹塚駅から仙川駅にかけて高架化工事が進められている。これは東京都が事業主体として進めている「京王電鉄京王線（笹塚駅～仙川駅間）連続立体交差事業」だ。この事業は笹塚～仙川間の約7・2キロの区間について、鉄道を連続的に高架化して道路と立体交差化するもので、これによりこの間にある25か所の踏切が解消される。

この間にある八幡山駅付近では環状８号線と交差することから、すでに１９７０（昭和45）年に高架化されているが、前後の区間については２０１２（平成24）年10月で都市計画変更が決まり、２０１４（平成26）年２月に事業認可が出て着工へと進んだ。ただし、用地取得などの問題もあり、その後に調整が行なわれ、２０２２（令和４）年３月に変更後の事業認可が出ている。当初の計画では笹塚～つつじヶ丘間を複々線とするものだった。ただし、線路を４線並べたものではなく、緩行線を高架、急行線を地下化する構想だったとされている。現在は高架複線を基本とした計画になっている。

工事区間は8つに分割され、第１工区（笹塚駅～台田橋駅付近）、第2工区（明大前駅付近）、第3工区（下高井戸駅付近）、第４工区（桜上水駅付近）、第5工区（上北沢駅付近）、第６工区

工事の進捗によって、日々の表情が変わる笹塚～仙川間の各駅。桜上水駅(左上)、上北沢駅(右上)、芦花公園駅(左下)、千歳烏山駅(右下)

(芦花公園駅付近)、第7工区(千歳烏山駅付近)、第8工区(仙川駅の地上への取り付け部)となっている。進捗状況は各工区によって用地取得などによる着工時期の違いなどもあってまちまちだが、2025(令和7)年1月現在、第2工区や第4工区などでは高架橋の構築も始まっている。

各駅の構造は、順に以下のように計画されている。

・代田橋駅　島式ホーム1面2線
・明大前駅　島式ホーム2面4線(列車の追い越しも可能)
・下高井戸駅　相対式ホーム2面2線
・桜上水駅　島式ホーム2面4線(列車

線路の南側に沿って高架化工事が進められている。最近は高架橋やその橋げたが車窓からも目立つようになってきた。千歳烏山〜仙川間

の追い越しも可能)、車庫線として留置線も設置
・上北沢駅　島式ホーム1面2線
・芦花公園駅　相対式ホーム2面2線
・千歳烏山駅　島式ホーム2面4線(列車の追い越しも可能)
現在の計画では2031(令和13)年3月31日までを事業期間としている。この事業では鉄道の高架化だけでなく、側道の整備も含まれており、完成すると周辺の姿も大きく変わることだろう。工事の進捗状況を目にとめておきたい。

あとがき

私は旧・京王新宿駅そばの産院で生まれ（と聞いている）、井の頭線の沿線で過ごしてきた。学生時代、沿線を離れたこともあるが、今も当時と同じ場所に住んでいる。ＪＲの駅まで歩けないこともないが、最寄りは井の頭線の急行停車駅だ。子どものころから電車に乗るといえば、両親が「帝都線」と呼ぶ井の頭線だった。ちょっとした買い物は吉祥寺に出ることが多く、親戚の家に出向くため、渋谷や新宿、永福町もよく利用した覚えがある。私にとって井の頭線や京王線が鉄道の原体験であり、それが常識となっていた。

例えば、当時の神泉駅では一部の車両のドアが開かなかった。踏切と神泉トンネルに挟まれた神泉駅のホームは短く、トンネルにかかった車両のドアは閉まったままだった。これを不思議とも思わず、地下鉄銀座線や丸ノ内線では何で全車両のドアが開くのだろうか？なんて思っていた。

永福町駅には車庫もあり、これが航空機の格納庫のようなかまぼこ型だった。電車の車庫はこういう形状と思い込み、遠出をした際に出逢う国鉄の長屋風電車庫は格好悪いと思っていた。

この永福町駅では改札口のわきにあった留置線に停まっている荷物電車を見るのも好きだった。井の頭線や京王線の電車は緑色だったが、この電車は茶色で、その違いに興味をひかれたのかも知れない。結局、この電車が走っている姿は一度も見たことがないが、永福町、晩年は富士見ヶ丘の留置線で出会うとほっとしたものだ。

京王線では新宿駅が近付くと、電車が道路上を走っていた。茶筒のような変な形の建物の前を通るので、その車窓はよく覚えている。これは文化服装学院のモダンな建物だった。この建物を京王帝都電鉄の人たちは「スライダック」や「電磁弁」の通称で呼んでいたと知るのは、京王線が地下を走るようになってからだ。

新宿駅は板張りのホームで我が家の最寄り駅よりちゃちに見えたが、これは地下化工事の仮ホームだったかも知れない。窓から顔を出すと、電車は深い穴の上を走っていた。

筆者にとっての常識はこんな体験で育まれたものだが、やはり近年の京王電鉄しか知らぬ方には非常識で不思議な電車に思えるかも知れない。本書を通じ、その不思議を魅力として汲み取っていただければ幸いだ。

令和7年1月　松本典久

主な参考文献

『京王帝都電鐵三十年史』京王帝都電鉄（1978）
『京王電鉄五十年史』京王電鉄（1998）
『京王ハンドブック2020』京王電鉄（2020）
『日本の私鉄　京王帝都』合葉博治・池田光雅、保育社（1981）
『京王の電車・バス100年のあゆみ』名取紀之編、ネコ・パブリッシング（2013）
『京王電鉄の世界』トラベルMOOK、交通新聞社（2013）
『新しい京王電鉄の世界』トラベルMOOK、交通新聞社（2020）
『京王電鉄まるごと探見』村松功、JTBパブリッシング（2012）
『京王電鉄のひみつ』PHP研究所編、PHP研究所（2012）
『京王電鉄ものがたり』松本典久、ネット武蔵野（2003）
『京王線・井の頭線 昭和の記憶』三好好三、彩流社（2012）
『京王線各駅停車』深川和夫、椿書院（1974）
『井の頭線沿線の1世紀』蒲田達也、生活情報センター（2006）
『吊掛讃歌①京王帝都電鉄ほか』片野正巳、ネコ・パブリッシング（2007）
『地図と鉄道省文書で読む私鉄のあゆみ』今尾恵介、白水社（2015）
『世田谷のチンチン電車 玉電今昔』林順信、大正出版（1984）
『世田谷たまでん時代』宮脇俊三・宮田道一、大正出版（1994）
『東急今昔物語』宮田道一、戎光祥出版（2016）
『官報』『鉄道ピクトリアル』『鉄道ファン』『鉄道ジャーナル』各号
国土地理院 地形図、空中写真

松本典久（まつもと のりひさ）

1955年、東京都生まれ。出版社勤務を経て、フリーランスの鉄道ジャーナリストとして活躍。鉄道や旅などを主なテーマとして執筆し、鉄道や鉄道模型に関する書籍、ムックの執筆や編著など多数。近著に『鉄道と時刻表の150年　紙の上のタイムトラベル』（東京書籍）、『夜行列車の記憶』（天夢人）、『夜行列車盛衰史』（平凡社）、『ブルートレインはなぜ愛されたのか？』（交通新聞社）ほか。

交通新聞社新書184

謎とフシギの京王電鉄

関東屈指の“個性派鉄道”を読む

（定価はカバーに表示してあります）

2025年2月15日　第1刷発行

著　者――松本典久
発行人――伊藤嘉道
発行所――株式会社交通新聞社
https://www.kotsu.co.jp/
〒101-0062　東京都千代田区神田駿河台2-3-11
電話　（03）6831-6560（編集）
（03）6831-6622（販売）

カバーデザイン―アルビレオ
印刷・製本―大日本印刷株式会社

ISBN978-4-330-01325-1